생각이
많아서

찾아
왔습니다

정신과 의사와 가진 열두 번의 만남,
그 속에서 찾아낸 마음 정리법

생각이
많아서

찾아
왔습니다

권용석 · 박미정 지음

whale books

들어가기 전에 ────────────────────────────────────

• 이 책은 박미정 작가가 쓴 짧은 열두 편 소설을 바탕으로 정신건강의학과 권용
  석 원장이 상황에 맞게 처방을 내리는 형식으로 진행된다.

• 각 소설에 등장하는 은정 씨는 지금을 살아가는 여성을 대표하는 상징적 인물이
  며, 실존 인물은 아님을 밝힌다.

괜찮지 않던 마음이 괜찮아질 때까지

도저히 이대로는 못 살겠다 싶은 순간이 있습니다. 일, 관계, 사랑 모두 결코 마음대로 되지 않는 그런 순간이요. 특별히 어디가 아픈 것도 아닌데 밖을 나가는 것이 두렵고, 나 자신을 위해 무언가를 하는 것조차도 힘든 날들이 이어집니다.

그럴 때마다 우리는 '내 탓'을 해왔습니다. 일을 잘 못하는 나 때문에, 사랑도 제대로 하지 못하는 나 때문에. 심지어는 딸로, 여자로 태어난 나 때문이라며 자책합니다. 저 또한 그러한 자책으로 오랜 시간 힘들었습니다. 그래서 심리학 서적을 읽기도 하고 친구를 만나 위로를 얻어보기도 했지만 '괜찮아'라는 말은 그리 오래가지 않았습니다.

마음은 감정의 경험을 받아들이고 내 나름의 해석을 통해 만들어집니다. 하지만 여태껏 그저 '괜찮아'라는 말로 감정을 위에서 억누르고만 있었으니, 해결되지 못하고 가라앉았던 감정은 자꾸만 떠올라 아픔을 만들어냅니다. '괜찮아'라는 말을 듣고 정말 괜찮은 줄 알았는데 괜찮지 않았던 이유가 여기에 있는 것이죠.

그래서 《생각이 많아서 찾아왔습니다》를 쓰게 되었습니다. 이제는 감정을 누르기보다 구체적인 이해를 통해 감정을 해소하는 방법을 나누고, 또 아물지 않는 상처를 비로소 정성껏 돌보기 위해서입니다.

배가 고픈 사람은 식당에서 밥을 사 먹거나, 집에서 음식을 만들어 먹습니다. 공통점은 무엇일까요? 바로 '스스로' 한다는 것. 일어나 옷을 입고 식당을 찾아가는 것, 쌀을 씻고 냉장고 문을 열어 재료를 찾는 것 모두 스스로 하는 것입니다.

지금 당신은 가슴속에 담아둔 감정이 소화되지 않았고 그래서 마음이 아픕니다. 이제 해야 할 일은 아픈 마음을 위해 스스로 감정을 소화하는 일입니다.

책에 등장하는 주인공 '은정 씨'는 우리 모두입니다. 어쩐지 들어보았던 이름은 나일 수도 친구일 수도 언니나 동생일 수도 있습니다. 은정 씨는 열두 편의 소설을 통해 그동안 억눌러왔던 감정을 표출합니다. 불안하고 자신이 없고 못나고 고통스러웠던 그 감정들을요.

정신건강의학과 권용석 원장은 그러한 감정에 이름표를 달아주고 불러줍니다. 그래서 책을 읽는 이 과정이 어쩌면 은정 씨 당신에게는 많이 불편할 수도 있습니다. 하지만 이제 알아야 합니다. 내가 느끼는 감정의 진실 앞에 한발 다가서서 그것이 무엇인지 들여다봐야 한다는 것을요.

이 책이 당신을 위한 새로운 여정이라 생각한다면 기쁠 것 같습니다. 스스로 이 책을 찾아낸 당신이 마지막 책장을 덮고 나서 정말 괜찮아지기를 간절히 바랍니다.

2020년 10월

박미정

차
례

들어가는 말   ° **5**

괜찮지 않던 마음이
괜찮아질 때까지

1장

일하는 마음:
일상을
오려내고
싶을 때

공시생 은정 씨의 하루   ° **13**
¤ 마음처방: 불안으로부터 자기 자신을 지키는 법 ° **21**

처음이라는 벽 앞에서   ° **28**
¤ 마음처방: 긴장을 숨기려는 긴장 ° **33**

일의 무게를 견딜 수가 없어요   ° **42**
* 마음처방: 지쳐 있는 나, 힘을 남기기 ° **49**

나를 피곤하게 만드는 사람들   ° **58**
¤ 마음처방: 좋은 관계를 위해 기억해야 할 것들 ° **68**

부장님, 퇴근해도 될까요?   ° **77**
¤ 마음처방: 그냥 원래 그런 사람도 있습니다 ° **83**

2장

사랑하는 마음:
관계에
물음표가
많을 때

자존감 낮은 은정 씨의 사랑 ° 93

¤ 마음처방: 지금의 상처받은 나를 돌봐주세요 ° 102

우리들의 권태기 ° 111

¤ 마음처방: 완벽한 관계는 없다 ° 118

깊은 아픔을 딛고 이제는 사랑하고 싶어요 ° 127

¤ 마음처방: 당신의 잘못이 아닙니다 ° 134

사랑도 돌이킬 수 있나요? ° 143

¤ 마음처방: 누구나 혼자는 두렵다 ° 150

3장

살아가는 마음:
'할 수 있다'는
말이
지칠 때

가족이 버거운 은정 씨의 시간 ° 163

¤ 마음처방: 행복을 위한 균형 잡기 ° 171

언니의 그늘 ° 180

¤ 마음처방: 언니와 동생 모두를 위한 이야기 ° 187

결혼하면 행복할까요? ° 197

¤ 마음처방: 내가 내린 선택을 믿으세요 ° 205

4장

후일담:
당신이 더 이상
외롭지 않았으면
좋겠습니다

**오늘도 힘겨운 하루를 보낼
은정 씨에게 다른 은정이가** ° 217

**세상의 모든 은정 씨에게 보내는
권용석의 마음 처방** ° 223

참고 문헌 ° 227

1장

일하는 마음:
일상을 오려내고
싶을 때

공시생
은정 씨의 하루

"그 얘기 들었어? 어젯밤에 어떤 차가 이 앞 사거리 건널목으로 돌진해서 수업 끝나고 가던 옆 학원 사람들을 덮쳤대. 죽은 사람도 있다던데. 음주운전을 했다나 봐."

교실 문이 벌컥 열리고 수강생 한 명이 뛰어오더니 자리에 앉아 있던 친구에게 소리 높여 말했다. 그 목소리가 어찌나 명랑하고도 큰지, 교실에 있던 모두의 눈이 그에게로 쏠렸다. 그가 부러 이야기하지 않아도, 그날 아침 포털 검색어 1위는 '노량진 음주운전'이었다.

아침 뉴스에서 그 소식을 접한 엄마는 방문을 열고 들어오더니 어제 네가 배가 아파 집에 일찍 온 게 정말 다행이다, 아버지가 너 일찍 들어왔다고 공부 너무 안 하는 거 아니냐고 걱정했지만 이게 하늘이 도운 게 아니면 뭐겠니, 생각만 해도 끔찍하다, 참말 다행이야,라며 호들갑을 떨었다.

얼굴도 이름도 모르는 이들이 죽었고 몇은 생사를 알 수 없을 만큼 다쳤다고 했다. 학원 앞 사거리는 미처 다 정리하지 못한 자동차의 잔해들이 어젯밤 끔찍했던 사건을 말하고 있었다. 바닥에 선명하게 그어진 까만색의 바퀴 자국과 핏자국인지 기름 자국인지 알 수 없는 둥그런 액체의 흔적. 나는 그 처참한 상황 속을 걸어가면서도 오늘 있을 수업을 떠올렸다. 어제는 극심한 생리통 때문에 비록 집에 일찍 들어갔지만, 오늘은 기필코 참아야 한다고 생각하면서. 눈물이 흐른 것도 같았지만, 죽고 다친 이들을 위한 눈물인지 아픈 배를 움켜쥐고 학원으로 가야 하는 내가 불쌍해서 나오는 눈물인지 알 길이 없었다.

그러나 분명한 것은, 주변 어디에도 죽은 이들을 위한 애도는 없었다는 것이다. 엄마는 내가 다치지 않아 다행이었고 다른 학원생들은 경쟁자가 줄어서 다행이었다. 이름 없이 공부하다 이유 없이 하늘로 간 이들을 위해 내가 할 수 있는 건 고작 이들을 잊지 않아야겠다고 생각하는 것뿐이었다. 어쩌면 시험에 응시하고 떨어지고 또다시 응시하고를 반복하는 나의 처지보다 선명하고도 잔인한 타의로 지긋지긋한 이곳을 탈출한 이들이 조금은 부럽기도 했다.

오늘도 여전히 입맛이 없었지만, 다른 공시생들 사이 비스

듬히 서서 그저 배를 채우기 위해 컵밥을 주문했다. 그러고는 밥알이 흘러내리지 않도록 숟가락을 목 안으로 깊숙이 쑤셔 넣었다.

밥을 먹고 다시 학원으로 올라가는 문 앞에서 잠시 걸음을 멈추고 가슴을 문질렀다. 답답하다 못해 꽉 막혀버릴 지경이다. 조금만 더. 조금만 더. 시험이 끝나고 좋은 결과가 생기고 나면 나아질 거야. 그때까지 조금만 더 참아보자. 늘 샤프만 꼭 쥐고 있느라 딱딱하게 굳어버린 오른손이, 답답한 마음속에 갇힌 심장을 위로한다.

요즘은 거의 매일 악몽을 꾼다. 악몽의 종류는 꽤 다양한데 그중 가장 빈번하게 출몰하는 달리기 꿈은 꽤나 진지하기까지 하다. 아주 커다란 운동장에서 여러 사람과 하는 달리기. 우리는 모두 같은 출발 지점에서, 아직 발도 떼지 않은 레이스의 긴장감을 느끼며 전력 질주를 위한 준비를 한다. 달릴 준비를 하는 나의 이마에 송골송골한 땀이 맺힌다. 땅 하고 화약이 폭발하는 시작 음이 울리면 모두가 엄숙한 얼굴을 하고 달리기 시작한다.

나를 제치고 앞으로 가는 사람들. 하나, 둘 그리고 셋. 어느새 가장 마지막으로 처진 내가 보인다. 아무리 꿈이라지만, 이건 너무하잖아. 달려! 더 빨리 달리라고! 나는 얼굴이 구겨질 듯

인상을 쓰며 가슴을 한껏 내민다.

그렇게 안간힘을 쓰다만 꿈에서 깨어나면 나는 다시 공시생으로 돌아와 어제와 똑같을 것이 분명한 하루를 시작한다. 게다가 이 꿈을 꾸는 날은 지독하게도 공부조차 잘되지 않는다.

이번에도 또 떨어지면 이제는 답이 없다. 벌써 삼 년째. 부모님은 내년에 한 번 더 도전해 보는 것도 괜찮으니 너무 조바심 내지 말라고 한다. 하지만, 이젠 그 말조차도 부담스럽다. 내년에는, 내년에는. 과연 내년에는 시험에 붙을 수 있을까?

아침마다 되풀이되는 불안과 두려움을 애써 뒤로하며 바나나 한 개를 입에 넣었다. 식탁에서 일어나기 전 마지막으로 우유 반 컵을 마시고 가방을 어깨에 둘러멨다.

"공부하려면 뭐라도 먹어야지."

배가 고파서가 아니라, 내 얼굴만 바라보는 엄마를 위해 그것들을 먹었다. 그나마 뭐라도 먹고 나가야 엄마가 마트에서 안심하고 일할 테니.

공시생 딸 뒤에서 한숨조차 편하게 쉬지 못하는 우리 엄마. 언제까지 부모님에게 학원비며 용돈이며 신세를 져야 할까? 나도 다른 친구들처럼 얼른 시험에 붙어 어엿한 공무원이 되고 싶다. 부모님 도움 없이, 눈치 보지 않고 살고 싶다. 날씨가 좋을 때면 친구들처럼 여행도 가고 또래의 누군가를 만나 연애도 하고 싶다.

"그래도 넌 꿈이 있잖아."

공시를 포기하고 일반 회사에 취직한 옛 학원 친구가 일 년 만에 뽀얀 화장을 하고 나타나 나에게 말했다. 어쩌면 공시라는 골인 지점이 불명확한 레이스 대신, 현실과 적당히 타협하고 취직해 더 빨리, 더 먼저 돈을 벌겠다며 뛰쳐나간 친구가 현명했는지도 모르겠다. 그렇다고 지금 나에게 취직이 쉬울까. 어떤 것도 자신이 없고 불안하기는 마찬가지다.

이제 나는 친구처럼 그 현명한 선택을 하는 것도, 너무 늦어버린 게 아닐까. 그것은 아마도 두 번째 시험에서 떨어졌을 때 이미 해야 했던 선택이었는지도. 세 번 이상 시험에 도전하는 친구들과 나의 모습을 보면 우리는 포기라는 것에서도 너무 멀리 떨어진, 그래서 용기 있게 멈추지도 못하는 것은 아닌지라는 생각이 든다. 시험에 붙을 거라고 굳게 믿는 것. 내가 의지하는 것은 이제 덧없는 믿음이 되어버렸다.

"은정이 왔니? 오늘은 제시간에 왔구나?"

밤늦게 돌아온 나를 반기는 아버지의 목소리가 거실 어둠 속에서 매우 만족스럽다는 듯 울렸다.

어릴 때부터 아버지의 무거운 기대에 짓눌려왔다. 남동생과 세 살 터울인 나는 늘 기대에 먼저 부응해야 하는 존재였다.

아버지는 초등학교 때부터 학교에서 열리는 대회가 있으면 무조건 다 나가서 상을 받아오기를 원했다. 실제로 몇몇 대회 빼고는 모두 상을 받기도 했지만, 그중 상당수의 상은 아버지가 만든 것이었다. 주변 사람들은 엄마에게 은정이 아버지는 어쩜 그렇게 딸한테 다정할 수가 있냐고, 부럽다고 입을 모아 칭찬하기도 했다. 하지만 아버지의 진짜 모습을 아는 엄마와 나는 별다른 대답을 하지 못하고 그저 쓴웃음을 지어야 했다.

집에서의 아버지는 그렇게 다정한 사람이 아니었다. 가족에게 기대했던 만큼 만족스러운 결과를 얻지 못하면 불같이 화를 냈다. 자신의 아내가 하는 살림은 늘 깔끔하고 정돈이 잘 되어 있어야 했다. 엄마는 아버지의 그런 성격을 맞추느라 만성 위장병이 생긴 지 오래였다.

나도 동생도 그런 아버지가 늘 무서웠다. 기대에 미치지 못하는 결과를 말할 때, 아버지가 짓는 표정과 실망스러운 눈빛, 그리고 매서운 질타. 그것을 보고 듣는 것은, 차라리 매질을 당하는 게 낫다고 생각할 만큼 아팠고 끔찍했다. 아버지가 우리에게 실망이라도 하는 날엔 온 집안이 무거운 공기로 가득 찼고 우리 남매는 그 속에서 숨이 막혔다.

피나는 노력 끝에, 혹은 지독히도 운이 좋아 아버지를 만족시킬 결과를 받아왔던 날. 아버지의 밝은 얼굴을 볼 수 있는 그

날에는 비로소 편안할 수 있었다. 그래서 학창 시절 내내 자랑스러운 딸이 되고자, 늘 무언가에 쫓기는 것 같이 불안했고 조바심이 났다.

공시를 보는 것 또한 아버지가 원했던 것이기도 했다. 대기업 입사 시험에서 낙방한 후 공시를 준비하겠다고 부모님에게 말하던 날, 엄마는 조금 눈을 낮추어서 중소기업으로 지원하는 것이 어떻겠냐고 했지만, 아버지는 네 생각이 정 그렇다면 그렇게 해보라며 만족스러운 웃음을 지었다. 그 말을 하기 전부터 나는 알았던 것 같다. 아버지가 내 결정을 흡족해하리라는 것을.

하지만 연이은 낙방 소식과 점점 약해지는 체력, 날이 갈수록 커지는 불안과 두려움은 더 나를 힘들게 했다. 나는 언제까지 이 공시생 타이틀을 유지해야 할까? 어쩌면, 아버지가 먼저 그만하라고 말해주기만을 기다리는 것은 아닐까?

파리한 새벽하늘을 보며 집을 나섰다. 오늘따라 더더욱 무겁게만 느껴지는 발걸음 아래로 물방울이 후드득 떨어졌다. 비가 온다고 했었던가? 힘없이 고개를 들어 하늘을 바라보았다. 하지만 그건 빗방울이 아니었다. 내 눈물이었다.

☁️ 은정 씨의 고민

어려서부터 강압적인 아버지 밑에서 자랐어요. 성장하는 내내 아버지의 기대를 충족하기 위해 저를 억누르며 살아야 했습니다. 지금도 여전히 아버지란 존재는 두렵고 무서울 뿐이에요. 늘 이렇게 심리적인 압박감이 엄청난 상태다 보니 점점 자신감이 떨어지고 체력은 더 약해지는 것 같습니다. 공부하는 시간이 많은 편인데도 시험에 붙을 수는 있을까 늘 불안한 마음도 들고요.

언제부턴가 자꾸만 가슴이 답답해요. 종종 숨이 막혀와 걸음을 멈추고 한숨을 크게 쉬어야 해요. 불면증에 시달리는 건 예사고 잠이 든 날에는 악몽을 꾸기도 합니다. 혼자 눈물을 흘리는 날도 예전보다 많아졌어요.

불안으로부터
자기 자신을 지키는 법

우리는 줄곧 무언가를 바라고, 얻기 위해 노력하며, 그 결과를 받아들이면서 살아갑니다. 목표가 확실하고, 가까이 있을 때는 크게 힘을 들이지 않아도 괜찮을 거예요. 하지만 지금 내가 하는 일이 과연 무엇을 위한 것인지, 언제 실현이 가능한지 확실하지 않다면 불안하고 두렵겠지요.

먼저 은정 씨를 칭찬하고 싶습니다. 참 잘 버티고 있다고요. 잠자는 시간을 줄여가며 공부하는 것, 흐트러진 정신을 다잡고 집중하는 것, 떨어진 체력을 효율적으로 사용하는 것, 마음이 아플 때마다 한 손으로 가슴을 어루만지며 스스로 위로하는 것. 누군가는 이런 행동이 쓸모없다고 생각하겠지만 모두 은정 씨가 가진 지금의 어려움을 버티게 해주는 소중한 것들입니다.

하지만 이런 행동들이 불안을 근본적으로 해소해 줄 수는 없겠지요. 그렇다면 생각해 봅시다. 은정 씨의 마음이 불안한 것은 과연 무엇 때문일까요?

{ '불안'이라는 애매한 느낌 }

지금 은정 씨 마음을 딱 한 단어로 정의하기는 어려울 겁니다. 우울하기도, 분노를 느끼기도, 무력감을 경험하기도 할 거예요. 여러 가지 복잡한 마음 상태 중에서 가장 큰 것은 아마도 불안(anxiety)일 것입니다. 불안은 가벼운 걱정거리, 두근거림, 초조함부터 강박증과 공황장애까지 그 범위가 매우 넓고 명확한 경계가 없는 것이 특징이에요. 따라서 전문가들도 불안이라는 감정을 확실히 정의하고 설명하기가 쉽지 않답니다.

불안은 삶을 살아가면서 누구나 경험할 수 있습니다. 느낌인 동시에 의식적으로 이해할 수 있으며 신체 반응으로 나타나기도 하지요. 최근 뇌 과학에서는 과거 경험을 토대로 현재 상황에 대해 마음이 불안이라 인식하고, 경험하고, 정의하는 것으로 보고 있어요. 그 감정이 아주 빠른 속도로 생겨나다 보니 자동 반응이라 여기기도 합니다.

이러한 불안은 오래전부터 뇌에 특정 해부학적 구조물(편도를 포함한 변연계)이 주로 관여하는 하나의 타고난 기능으로, 주로 위협에 대한 신호 개념으로서 이해되었습니다. 그러나 뇌

과학이 발달하면서 불안을 '인지적으로 조합된 의식적 느낌'으로 받아들이기 시작했습니다.

여기서는 공포와 불안을 단순히 행동을 유발하는 감정 신호가 아니라 의식적으로 해석한 결과로 풀이하는 것이지요. 즉, 비의식적으로 처리되는 과정과 결과가 의식적으로 나타난 것이 불안이라는 개념입니다.

이것은 불안이 각자의 유전적 기질, 경험, 환경에 따라 다르게 나타날 수 있음을 의미합니다. 따라서 불안과 같은 애매한 느낌을 단순히 위협이 있음을 의미하거나 미래가 부정적이라는 뜻으로 해석하는 것은 옳지 않습니다.

[마음을 생각해 봅시다]

은정 씨는 어릴 때부터 가족의 기대에 맞추며 성장해 왔어요. 기대에 미치지 못했을 때 아버지가 보인 실망스러운 표정과 불같이 사나운 말투는 은정 씨를 두렵게 했을 거예요. 어른의 처지에서는 별것 아닌 것 같아도, 어린 은정 씨에게 아버지의 그런 반응은 공포에 가까운 느낌을 받았을 테니까요. 그래서 어린 은정 씨의 마음은 이 같은 상황을 '불안'으로 정의했고, 이후 성인이 되어 비슷한 상황이 벌어지면 불안을 다시 경험하는 것이지요.

즉, 은정 씨의 과거 경험이 현재 상황을 불안으로 인식하게 했고, 이 불안이 지금 은정 씨가 겪는 여러 가지 불편한 감정들을 만들었을 가능성이 큽니다. 이제 와서 은정 씨의 아버지를 탓하고자 하는 것도 아닙니다. 또 벌어진 과거를 바꿀 수도 없지요. 하지만 자신의 불안이 어디에서 온 것일까 생각해 보는 일은 참 중요합니다. 어린 은정 씨의 마음을 더듬어보는 것이 성인 은정 씨의 어려움을 이해하기 위한 시작점이 될 수 있으니까요.

{ 불안에서 시작하기 }

불안은 감정, 생각, 신체 모두에 영향을 미칩니다. 은정 씨를 괴롭히는 것은 끊어지지 않는 생각일 것입니다. 공부를 하고는 있지만 시험에는 떨어질 것 같고, 다른 사람들은 다 잘하는데 나만 뒤처지는 것 같고, 또 이 시험이 가져오는 결과는 가족에게 실망을 안겨줄 것 같다는 그 부정적인 생각들 말이에요.

이런 생각은 은정 씨의 마음을 힘들게 합니다. 불안은 아주 작은 틈만 있어도 그 사이를 파고듭니다. 그러고는 끊임없이 또 다른 불안을 재생산합니다. 불안이 머릿속을 파고들면 생각은 현재를 벗어납니다. 과거를 후회하기도 하고, 미래에 절망을 심기도 하지요.

불안함은 생각을 비틀어 있는 그대로 보지 못하게 합니다. 따라서 은정 씨는 이런 생각들이 자신을 불안하게 하는 것이 아니라 불안이 나에게 이런 생각을 들게 한다는 것을 알아야 합니다. '나는 정말 뒤처지고 있다'가 아니라 '내가 지금 불안하구나'처럼 불안으로 인한 생각을 그대로 받아들이지 않는 것이 중요합니다. 그렇게 생각을 다시 현재로 가져와 지금 내가 해야 하는 일이 무엇인지에 초점을 맞추면 불안은 곧 사라질 겁니다.

만약 생각을 현재로 가져오는 일이 너무 어렵다면 몸을 움직여 주의를 돌리도록 해보세요. 몸과 마음은 서로 영향을 주고받기 때문에 몸을 움직이는 일이 생각에서 벗어나는 데 도움을 주기도 합니다. 불안은 특히 몸을 긴장하게 만들기도 하는데, 여러 전문가가 근육을 이완하게 하고 깊고 편한 호흡을 유도하는 것도 이런 이유 때문이지요.

그런데 은정 씨는 불안한 마음이 들 때마다 한쪽 손을 들어 가슴을 문지르며 자기 자신을 위로하고 있었어요. 이미 그렇게 자신만의 방법으로 불안을 내쫓고 있었던 겁니다. 그 모습이 참 안쓰럽지만, 한편으로는 정말 다행입니다.

{ 지치지 않게 하는 힘 }

은정 씨가 정말 원하는 것은 무엇일까요? 공시생 생활은 끝이 보이지 않는 목표를 향해 오롯이 혼자서 버텨야 하는 일이라 강력한 에너지가 필요해요. 그 에너지는 목표를 이뤘을 때의 좋고, 즐겁고, 행복한 느낌을 예상할 때 생겨납니다. 시험 자체를 목표로 삼거나 다른 사람의 만족을 위해 공부할 때 더욱 힘들고 버거운 이유가 거기에 있어요.

은정 씨의 경우 공무원이 된 후에 즐거워하고 만족할 만한 구체적인 목표를 떠올려보는 게 도움이 될 겁니다. 공무원이 되어 첫 월급을 받으면 사고 싶었던 물건을 떠올려봐도 좋고 시험이 끝나면 가고 싶었던 여행지를 자세하게 생각해 봐도 좋겠네요. 이런 사소한 상상들이 당장 시험 공부할 시간을 뺏는 것 같지만 자신을 위한 목표가 생겨야 지치지 않고 힘든 시기를 지혜롭게 넘깁니다.

지금 내가 공시생이니까 불안하고 힘든 것이 당연하다 여기면 어떻게 될까요? 이 세상에 당연한 아픔과 당연한 고통은 없습니다. 불안이 만들어낸 마음을 당연하게 받아들이지는 마세요. 은정 씨는 당연히 아프지 않아야 하고 당연히 고통스럽지 않아야 하는 사람입니다.

지금 은정 씨가 느끼는 불안감을 가까이에 있는 가족, 친구에게 털어내기도 하고 또 함께 공부하는 공시생들과 서로의 고민을 나누는 시간을 가지는 것도 좋아요. 무더운 여름날 흘러내리는 땀을 주체할 수 없을 때는 잠시 시원한 곳으로 피하는 것처럼요.

자, 잠시 눈을 감고 심호흡을 길게 해보세요. 편안한 호흡에 집중하면서 오늘을 어떻게 보낼지 떠올린다면 이 어려운 시기를 조금 더 용기 있게, 그리고 자신 있게 버텨낼 거예요.

☀ 세 가지 처방

1. 나만 못하고 뒤처져서 불안한 것이 아니라, '불안'이란 자체가 그런 생각을 들게 하는 것임을 깨닫자.

2. 너무 불안할 때는 즉시 몸을 움직여 그 마음을 털어내자.

3. 시험도 중요하지만, 내가 정말 무엇을 좋아하는지, 무엇을 하고 싶은지 생각해 봐야 한다.

처음이라는
벽 앞에서

"오늘 우리 딸 너무 예쁘네. 세상에나, 회사 출근하자마자 직원들 난리 나는 거 아니야?"

"엄마 딸이니까 그렇지. 나 밖에서는 예쁘다는 말 별로 못 들어봤다고."

엄마에게 괜한 통을 주면서도 나는 실실 새어 나오는 웃음을 감추지 못했다. 취업 준비 일 년 반 만에 얻은 직장으로 출근을 하는 첫날. 설렘과 걱정이 반반씩 섞여 가슴에서 작은 소용돌이가 일어났지만, 기분만은 좋았다. 나도 이제 목에 걸린 사원증을 달랑거리며 한 손에는 멋들어지게 텀블러를 들고 아주 바쁘다는 눈빛을 쏘아대며 회사로 향하는 상상을 해본다. 그래, 은정아! 오늘부터 넌 취준생이 아니다. 너는 회사원이야!

8시 50분, 회사에 도착했다. 신입 사원은 3층 소회의실에 모이라고 미리 공지를 받은 터라 조심스럽게 문을 열고 들어가자 면접 때 봤던 익숙한 얼굴이 서너 명 보였다. 반가운 마음이 들어 덩달아 긴장도 조금 풀렸다.

잠시 뒤 선배로 보이는 사람이 나타나 우리를 데리고 회사 곳곳을 돌며 안내를 해주었다. 이윽고 자리 배정을 받았다. 신입이라 문 쪽에 가깝긴 했지만 내 자리가 있다는 것이 신기하기도 하고 조금은 감격스럽기도 했다. 첫날인데 할 일이 뭐가 있겠어라고 생각했던 것과 달리 오후가 되자마자 여러 사람이 번갈아 가며 온갖 업무를 나눠 주었다.

"오늘 어땠어? 윗사람들은 잘해주고? 점심은 뭐 먹었어?"

퇴근 후 엄마의 폭풍 같은 질문이 이어졌지만, 긴장이 풀린 탓일까. 거의 정신을 놓고 침대에 쓰러져 잠을 잤다. 그리고 그렇게 지내기를 한 달여. 도무지 나 자신의 정체조차 알 수 없는 애매한 회사 생활이 이어지고 있었다.

"오늘 첫 월급 받는 날이죠? 은정 씨 한 달 동안 수고 많았네."

이 대리가 출근하자마자 다정하게 말을 건다. 하지만 이제 더는 그에게 속지 않으리. 저렇게 다정한 인사를 날리지만, 사소한 실수를 하나라도 한다면 "아직까지 이것도 모르면 어떡하자는 거야?"하며 싸늘한 얼굴을 보일 사람이니까.

그래. 벌써 한 달이 되었구나. 하지만 지금의 나는 이 한 달을

버텨왔다는 것이 너무나도 신기할 정도로 아무것도 할 줄 아는
게 없는 사람 같았다.

애초에 내 스펙으로 이 회사에 발을 디딘 것도 기적인 듯했
다. 친구들도 눈을 휘둥그레 뜨고 "네가 정말 그 회사에 합격했
다고?" 되물었으니까. 하지만 순전히 노력으로 회사에 들어왔
고 나는 자신이 있었다. 그런데 도대체 자신감의 근거는 뭐였
던 것일까? 취업 전, 부족한 스펙으로 최종 합격한 사례들을 보
며 '그래, 나도 할 수 있어!'라고 의지를 불태웠고 또 그 꿈이 실
제로 이뤄지기도 했다. 하지만, 그들의 그다음 이야기는 듣지
못했고 나 역시 누구에게도 나의 그다음 이야기를 해줄 수 없
었다.

"은정 씨는 경험이 너무 없네. 대학 때 인턴 같은 거 많이 안
해봤어요?"

"지금 자기가 하는 일을 제대로 알기는 하는 거야?"

"내가 어제도 이거 가르쳐줬던 거 같은데."

"요즘 신입은 일 참 쉽게 배우는 거 같아."

최근 가장 많이 내뱉는 문장은 단연 '죄송합니다'이다. 뭘 그
렇게 잘못하고 있을까? 옆 팀 동기는 이제 제법 선배들과 농담
도 하던데 나는 아직 갈 길이 멀게만 느껴졌다. 두 얼굴의 이 대
리는 매일 오전과 오후를 나눠 온탕과 냉탕을 반복하고 박 과

장은 두 번 물어보는 질문에는 절대로 대답을 해주지 않았다. 김 부장의 말대로 인턴 경험이 많지 않은 나는 늘 실수 연발이었고 어려운 문제가 닥쳤을 때는 마치 이정표 없는 거리 한가운데 혼자 던져진 느낌이 들었다.

"은정아, 잘 지내? 취업한 회사는 어때?"

"너 출근한 지 벌써 한 달 지나지 않았어?"

"오, 은정! 이제 회사원이야?"

친구들의 톡 알림이 수십 개가 넘었지만 나는 쉬이 답할 수가 없었다. 아니 정확히 말하면 그러기가 싫었다. 그들의 연락에 뭐라고 해야 할지. 회사 생활을 어떻게 말해줄 수 있을까. 매일매일 느끼는 모자람에 관해, 이 창피함에 관해 솔직히 털어놓고 '괜찮아'라는 위로를 받기엔 이 아득함은 쉽게 물러날 것 같지 않다. 회사에서의 나는 아무도 없는 곳에 덩그러니 혼자 남은 아이인 듯 처량했다.

"은정아, 요즘에 엄마랑 말도 잘 안 하고, 회사 생활 많이 힘들어?"

아침에 출근 준비를 하는데, 엄마가 다가와 말을 건다.

"내가 회사 생활이 힘들든 말든 엄마가 무슨 상관인데. 힘들다고 하면 엄마가 대신 출근할 거야?"

"아니, 엄마는 우리 딸 힘들어 보여서."

"물어보지 마, 해결해 줄 수도 없으면서! 회사 생활 어떻냐고? 엉망이야, 거지 같아. 회사에만 가면 내가 그렇다고!"

그간 참아왔던 마음을 엄마에게 모두 쏟아붓고는 대문을 쾅 닫고 나왔다. 그런데 참 이상했다. 처음에는 시원하다 생각했는데 회사에 가까워질수록 중요한 무언가를 집에 두고 나온 듯 허전하게 느껴졌다. 그렇게 뒤를 돌아보다가 다시 앞을 향해 갈지 말지도 모른 채, 나는 우리 동네를 처음 와본 사람처럼 헤매고 있었다.

☁ 은정 씨의 고민

어렵게 취업한 회사에 다니면, 행복할 것 같았는데 아니었어요. 선배들은 무섭기만 하고 사무실에서는 무엇 하나 제대로 할 줄 모르는 쓸모없는 사람처럼 느껴집니다.

온종일 회사에서 긴장하고 주눅 들어 있다가 집에 오면 쓰러져 잠만 자기 바빠요. 제가 꿈꾸던 회사 생활은 이게 아니었는데. 원래 제가 능력이 없었던 것일까요? 어쩐지 저는 이곳에 있어선 안 되는 사람처럼 느껴집니다.

긴장을
숨기려는 긴장

아기가 처음 걸음마를 할 때, 넘어지는 법을 먼저 배운다는 사실을 아나요? 걷기 위해 발을 떼다 넘어진 아기는 놀란 마음에 앙앙 울음을 터뜨리지만, 곧 넘어져도 괜찮다는 것을 알게 됩니다. 그러고 나서는 넘어지는 것을 수없이 반복해도 여간해선 울지 않습니다. 돌이켜보면 기억은 나지 않더라도 우리는 참 많이 넘어지고 나서야 비로소 걸을 수 있었어요.

〔칭찬과 꾸지람〕

칭찬은 미숙하거나 더 많이 배워야 할 시기에 포기하지 않고 꾸준하게 해나가도록 동기를 불어넣습니다. 걸음마를 배우는 아기의 아주 작은 행동 하나에도 어른들은 크게 기뻐하며 "아이고, 잘한다. 옳지, 옳지" 하며 칭찬하죠. 그럼 아이는 칭찬을 받기 위해 자신이 가진 능력보다 더 나은 행동을 하려고 도전하고, 또다시 그것을 해냄으로써 만족스러운 감정을 느낍니다. 작은 사탕 하나를 받으려고 노력했던 그 귀여운 순간들을 떠올려보세요. 우리는 보통 그렇게 칭찬과 만족을 통해 성장했던 것이죠.

어른이 되어서도 누군가 옆에서 그렇게 칭찬하고 격려해 주면 얼마나 좋을까요? 지금 은정 씨는 모르는 것이 더 많은 시기잖아요. 새로 배우고 잘한 부분에 대해 칭찬을 들으며 일할 수 있다면 배우고 익히는 일이 그렇게 부담되지 않을 거예요. 조금 부족하더라도 해낸 일에 잘했다고 칭찬하는 것이 인색한 사람들은 대체 왜 그런 걸까요?

아마도 어렸을 때부터 칭찬에 인색한 문화에서 자라고 배워왔기 때문일 거예요. 잘한 부분을 칭찬하기보다는 부족한 부분을 지적하고 꾸짖어야 상대가 더 배우고 발전한다는 믿음 때문이기도 하고요. 경쟁을 중요시하는 사회 문화도 한몫했을 겁니다. 우리 모두 그런 문화에서 지내왔기에 칭찬하는 것에 익숙하지 않고, 좋은 이야기를 들으면 게을러지거나 나태해진다는 생각을 은연중에 하는 경우가 많답니다.

안타깝지만 누구의 잘못을 따질 수 없는 부분이지요. 그렇기에 은정 씨가 일하면서 지적받고 혼나더라도 모든 것을 자신의 잘못으로 여기지 않는 게 중요합니다. 지금은 당연히 처음이니까, 아는 것보다 모르는 것이 많은 시기이니만큼 지적받는 것을 지나치게 부정적으로 여기지 않으려고 해야 합니다. 그래도 지적을 받는 그 순간은 참 부끄럽지요? 저도 잘 압니다. 의사라는 직업은 소중한 생명을 다루기 때문에 유독 혹독한 수련을 겪어야 하는데, 저 역시 선배 의사에게 끊임없이 지적받고 혼나면서 배워야 했죠. 매일 혼나는 일이 반복되었는데도 이상하게 지적을 받는 일은 익숙해지지 않더라고요.

실수하면 안 되는 중요한 일을 하거나 사람들 앞에서 이야기할 때는 누구나 긴장(tension)을 합니다. 긴장감은 본래 한 가지에 집중하게 도와줘 효율적이고 효과적으로 행동하도록 하는 중요한 생리 작용입니다.

이때는 심장이 빠르게 뛰고, 근육에 힘이 들어가며 위장관의 기능이 떨어지는 등 신체 반응이 동반됩니다. 얼굴이 빨개지거나 열감을 느끼기도 하죠. 이 기능수행을 위한 신체 작용에 반하여 평상시와는 다른 모습이 나타나기도 하고요. 표정이 굳어지거나 입안이 마르기도 하고, 손을 떨 수도 있습니다. 이런 신체 반응이 지켜보는 사람들에게는 다소 부자연스럽게 느껴지기도 하고요.

{ 긴장을 숨기려는 긴장 }

어렵게 입사한 만큼 아마 은정 씨는 주변 사람에게 좋은 평을 듣고, 일을 통해 만족감도 느끼고 싶었을 것입니다. 그런데 이때 실수하거나 좋지 않은 이야기를 들으면 마치 모든 것에 실패한 듯한 느낌을 받지요.

새로운 업무를 배우거나 완전히 바뀐 환경에 적응할 때 드는 긴장감은 자연스러운 현상입니다. 잘해내고 싶은 마음과 또 반대로 실패에 대한 두려움이 들기 때문이지요. 실제 잘못을 저지르지 않았더라도 이런 생각 때문에 부정적 평가나 실패에 대한 공포가 생기기도 합니다.

이처럼 긴장에 따라 보이는 모습은 앞에서 말했듯 자연스러운 현상입니다. 만약 우리가 이 자연스러운 긴장에서 나타나는 모습을 부정적으로 여기면, 그 모습을 숨기기 위해 더욱 신경 쓰고 긴장합니다. 이렇듯 자신의 모습이 다른 사람에게 부정적으로 비춰질까 두려워 감추려는 데서 나타나는 과도한 불안을 '수행불안'이라고 부릅니다.

긴장감을 일부러 풀 필요는 없으며, 그렇게 하기도 쉽지 않아요. 그래서 긴장감이 심하다는 생각이 들 때 은정 씨가 할 수 있는 일은 긴장하는 자신의 모습에 대한 생각을 바꾸는 거예요.

은정 씨가 이렇게 생각하면 좋겠어요. 누구라도 긴장할 수 있는 환경이고, 이렇게 긴장한다는 것은 내가 열심히 일할 준비가 되었음을 의미한다고요. 일할 마음과 잘하겠다는 생각이 있어야 긴장하게 되니까요. 만약 긴장이 중첩되면 퇴근 후에 아무것도 할 수 없을 만큼 기력이 떨어지기 쉬워요. 은정 씨는 자신에게 다정하게 대해주는 엄마에게 평소답지 않게 짜증을 내며 대화하기를 꺼렸지요? 이런 행동이 바로 과도한 긴장감이 가져다준 결과입니다.

짧은 기간의 긴장은 잠시 쉬면 회복되지만 오랜 기간 반복되면 의지나 행동의 변화만으로 에너지를 회복할 수 없게 됩니다. 따라서 은정 씨는 지금부터라도 너무 과하게 긴장하지 않도록 생각을 조절해 보는 것이 좋겠어요. 불안이 긍정적 감정은 아니지만 어떤 일을 제대로 수행하기 위해 어느 정도 필요한 느낌이며, 애써 감추거나 의식하는 순간 과도한 긴장으로 이어진다는 사실을 상기하면서요.

어렸을 때 "얼음, 땡!"을 해본 적이 있었지요? 하지만 이제는 누군가 굳어버린 은정 씨를 찾아내어 "땡!"을 해줄 때까지 기다리지 않아도 됩니다. 은정 씨가 굳어버린 긴장을 찾아내어 술래를 풀어주세요. 그리고 이제 스스로 긴장에서 벗어나 보는 겁니다.

일부러 일을 그르칠 필요는 없지만 필요한 긴장과 그에 따르는 자연스러운 신체 변화를 인식하고, 겉으로 보이는 모습보다는 하고자 하는 목표에 집중하는 순간 수행불안은 줄어들 거예요. 은정 씨는 회사라는 커다란 게임에서 비로소 첫발을 디뎠을 뿐인걸요.

〔나 혼자서 한다〕

은정 씨는 취업 준비를 하는 과정은 물론이고 그전에도 많은 부분을 능동적으로 해왔겠지요. 취업 준비처럼 혼자서 오랜 기간 꾸준히 무언가를 해내는 일은 생각보다 큰 노력이 필요합니다. 학습량을 조절하는 것은 물론, 엄격하게 일과를 관리해야 하죠. 본인이 원하는 회사가 요구하는 조건을 갖추기 위해 부단히 노력해야 하고 다른 사람들과의 경쟁에서 이기기 위해 자격증도 필요했을 테죠. 그 힘든 과정을 스스로 해낸 은정 씨는 이미 대단한 사람입니다.

하지만 오랜 고생 끝에 입사한 기쁨도 잠시, 환경이 바뀌면서 누구나 혼란스러울 수 있어요. 단순히 적응하는 과정이니 힘든 거구나 하고 여기는 사람도 있고요. 유독 어려움을 호소하는 사람들을 살펴보면 적응 능력이 부족해서가 아니라 오히려 혼자 많은 부분을 감당하며 책임감 강하고 완벽함을 추구하려는 성향을 가진 경우가 많습니다.

책임감과 완벽함은 직장 생활에서 업무 성과를 높이는 데 큰 도움이 되는 중요한 능력입니다. 주어진 일을 최선을 다해서 해내려 하고, 다른 사람보다 높은 목표치가 있어 업무 결과의 완성도가 뛰어나지요. 하지만 지나칠 때는, 그리고 그것을 적절하게 사용하지 못할 때는 오히려 독이 되기도 합니다.

입사 초기에는 배워야 할 것이 많고, 스스로 업무를 수행하는 것보다 지시받은 내용을 따라야 하는 경우가 더 많아요. 능동적으로 지내왔던 사람들은 자신의 계획과 예측에 따라 생활을 해야 마음이 놓이는 경우가 많은데, 이처럼 계획에 없거나 지시를 따라야만 하는 일을 반복하면 무언가를 완수했다는 느낌을 받기 어려워요. 직장 생활의 통제감을 얻지 못한다는 점에서 혼란스럽고 부담을 느낄 수밖에 없지요.

{ '사회'생활의 시작 }

흔히 인간을 사회적 동물이라고 말하는데 여기서 가장 중요한 것은 사람입니다. 사람은 다른 사람과 함께 지낼 수밖에 없으며, 또 그렇게 해야 만족스러운 삶을 살 수 있지요. 은정 씨는 이제 그 사회생활을 시작하는 단계에 있습니다. 즉, 사람과 어울리며 서로 돕는 생활에 이제 막 뛰어든 것이지요.

입사 초기에는 실수에 대한 두려움과 동시에 누군가의 도움을 받는 일에 익숙하지 않아요. 따라서 혼자 해결하려는 생각에 지나치게 힘을 쏟아붓기 쉬워요. 이럴 때일수록 주변을 돌아보세요. 나의 부족한 부분을 도와줄 사람들이 있습니다. 물론 부탁했을 때 거절당하거나 핀잔을 들을 수도 있어요. 마치 은정 씨가 이 대리에게 들었던 것처럼요. 하지만 누군가 나를 대하는 태도보다 더 중요한 것은 모르는 것을 배우고, 업무 능력을 키우며 성장하는 데 있음을 생각해야 해요.

업무를 해내는 과정에서 생기는 어려움이 또 있습니다. 바로 스트레스인데요. 스트레스는 내가 받지 않겠다고 해서 받지 않을 수 있는 게 아닙니다. 또한 혼자 끙끙거리며 없애려 하거나 애써 무시하려 해도 좀처럼 해결되지 않지요. 스트레스 관리야말로 은정 씨가 사람들을 통해 큰 도움을 받을 수 있는 부분 중 하나라 생각해요.

특히 나를 잘 아는 사람일수록 스트레스 관리에 도움을 줍니다. 가족이나 친구에게 스트레스를 이야기하고 위로받고, 공감받는 것이 문제 해결에는 별다른 도움이 되지 않을 수도 있어요. 하지만 스스로 문제를 해결하는 과정에서 생겨나는 스트레스를 줄이는 데는 큰 도움이 된답니다.

은정 씨가 엄마에게 소리를 질렀을 때 어느 정도 시원한 감정을 느꼈었죠? 바로 스스로 문제를 해결해 나가기 시작했다는 증거입니다. 이제 거기에서 한발 더 나아가 가족이 내 마음을 모를 거라 미리 단정 짓고 거리를 두지 말고, 그러한 모든 걱정 자체도 함께 꺼내보세요. 전보다 더 가벼운 마음으로 직장에서의 일을 해결할 수 있을 거예요.

☀ 세 가지 처방
—

1. 적응하는 기간에는 힘들고, 잘 모르고, 실수하고, 지적받는 일이 많을 수밖에 없으니 지나치게 자책하지 말자. 오히려 지금은 그러지 않는 게 더 이상한 것.

2. 긴장은 잘하기 위한 마음에서 비롯하는 생리현상이다. 무리해서 감추려 하지 않아도 괜찮다. 긴장하는 나를 조금 너그럽게 봐주자.

3. 혼자서 시작부터 결과까지 책임지려 하기보다 주변 사람에게 도움을 청하고 도우면서 유연하게 대처하자.

{ 일의 무게를
견딜 수가 없어요 }

핸드폰 알람 소리에 눈을 뜬 은정은 아무것도 하지 못한 채 멍하게 천장에 있는 작은 얼룩만 바라본다. 겨우 발끝을 꼼지락거려 텔레비전 리모컨을 찾는다. 전원을 켜자 이달 말에 개봉하는 영화 광고가 나온다. '아, 영화 보러 간 지가 언제였더라.' 다섯 달 동안 영화 한 편도 보지 못했다는 사실이 떠오르자 갑자기 가슴 속 깊이 분노가 치밀어오른다. 은정은 마치 누군가에게 화풀이하듯, 두 발로 이불을 뻥뻥 걷어차고 자리를 일어난다.

화장실로 가 칫솔에 치약을 가득 짜 올려 양치를 한다. 퉤, 하고 뱉는 치약 거품이 분홍빛이다. 엄청난 양의 업무로 인한 스트레스 때문인지 늘 잇몸 한구석이 부어서 피가 난다. 그렇지만 치과에 간다는 생각은 감히 사치라고 여겨질 정도다.

생리도 두 달째 건너뛰었다. 온몸이 그렇게 힘들다고, 피곤하다고 절절하게 하소연하고 있었지만, 정작 몸의 주인은 할 수 있는 것이 없었다.

은정은 멍하니 서서 화장실 거울 속에 서 있는 푸석푸석한 사람을 본다. 이은정, 29세. 스트레스로 꽉 찬 여자 하나가 회사에 가기 싫어 오늘도 화장실에서 자신과의 사투를 벌인다. 하지만 스코어는 명백한 1패. 매일 반복되는 자괴감을 가득 안고 할 수 없이 회사로 향한다.

처음 회사에 입사했던 사 년 전, 업무는 전공과 관련된 회계 일이었다. 처음 3개월은 그래도 할 만하다고 여겼다. 갓 입사한 신입 사원에게 주어지는 업무는 하루에 많아야 서너 가지. 있는 일 없는 일 다 끼워 넣어 업무 일지를 써나갔던 나름의 귀여웠던 신입 사원의 시간. 하지만 그건 비극의 서막이 시작되기 전의, 아주 고요하고 평화로운 전주곡에 불과했다.

신입 사원 티를 제법 벗어내자 은정은 스스로 대견하다 느낄 만큼, 업무를 차곡차곡 해나갔다. 동료나 선배의 업무 분담은 물론이고 새로 주어지는 업무에도 꽤 적응을 잘하는 편이었다. 그러나 적응을 잘할수록, 일을 해나갈수록 은정에게는 더 많은 업무가 떠맡겨졌다.

회계 일을 하는 것은 그리 큰 무리는 아니었다. 하지만 회계

담당자에게 운영지원 업무까지 주어지는 것은 이해할 수 없었다. 회계팀도 이런 건 알아야지, 회계만 잘해서는 이 회사에서 오래 살아남지 못해 등등의 평계를 달고 업무가 사방에서 날아들었다. 이 와중에 회계 팀 대리나 옆 팀 과장까지도 각종 훈수를 두며 일을 떠넘기기 일쑤였다. 가뜩이나 갑자기 떠밀려 하게 된 그야말로 '남의 일'들은 제대로 이해조차 하지 못한 채 고스란히 '내 일'이 되어버렸다.

"여태까지 편안하게 일했던 거 아니야? 다들 커피 마시고 수다 떨 시간 충분히 있었잖아. 이제야 좀 정상적인 회사같이 보이는구먼. 무슨 일이 많다고 투정들인지 원."

업무 과잉 상태에서 다들 스트레스가 극에 달했고 급기야 오지랖 넓은 누군가가 부장에게 인원 충원을 요청했지만, 돌아오는 대답은 그저 입 다물고 더 열심히 일하라는 날카로운 핀잔뿐이었다.

"이래서 코딱지만 한 회사 말고 대기업을 가야 하는 건가 봐. 겨우 한두 명 인원 충원해 주는 것도 힘들다고 되려 우리한테 큰소리치는 것 좀 봐."

그나마 어제 생일이라고 꽁무니를 뺐던 김 대리가 열변을 토한다. 은정은 벌써 이번 주에만 나흘째 야근 중이었다. 오늘도 밤늦게 퇴근해야 하는 걸까. 점심시간에 식당에서 턱을 괴고 앉아 다 식어버린 된장국의 파를 건져내며, 깊은 한숨을 내쉬었다.

'축 늘어진 파나 내 모습이나 그게 그거구나.'

입안에 든 밥알이 마냥 까슬해 은정은 밥을 넘기기가 힘들었다. 간신히 몇 술 들어 입에 꾸역꾸역 넣고 자리에 돌아와 보니 사내 메신저 알림이 쉴 새 없이 울리고 있었다. 업무 하나를 끝내기도 전에 끊임없이 울리는 메신저 알림은 종일 머릿속을 어지럽게 했다. 심지어 집에 돌아와서도 울리는 것 같은 환청이 들릴 정도였다.

요즘 은정은 밤에 잠을 쉽게 이루는 것이 힘들었다. 업무 스트레스가 과잉 상태에 이르게 된 것이 벌써 반년째. 퇴근 후 피곤한 몸을 겨우 이끌고 집에 들어와 멍하게 있는 시간이 점점 늘었다. 어두운 방 안에서 핸드폰을 보면 불빛 때문에 눈이 금방 피로해져 그나마 잠을 이룰 수 있었지만 이제는 그마저도 적응되었는지 새벽 세 시가 되어도 여간해선 잠이 들 수 없었다.

스트레스가 극에 달하는 날에는 출산으로 휴직 중인 동료에게 전화를 걸어 부장 욕이며 힘든 일들을 털어놓고 수다를 떨곤 했었다. 하지만 요즘에는 누군가에게 고충을 털어놓을 체력조차 있지 않았다. 그마저도 다 귀찮고 소용없게 느껴질 뿐이었다. 게다가 젖먹이를 키우는 동료는 온통 신경이 아기에게 쏠린 것 같았고, 아기가 울음을 터트리거나 잠에서 깨면 황급히 전화를 끊어서 연락하기도 미안했다.

퇴근 후 쓸쓸한 밤공기가 살며시 옷소매로 스며드는 기운이 느껴지면, 누군가에게 전화를 걸어 하소연이라도 하고 싶었다. '다 힘들지 뭐 너만 힘드냐?' 얼마 전 통화에서 창업을 해 고군분투 중인 친구는 오히려 배부른 소리라며 핀잔을 줬다. 은정은 핸드폰 주소록을 반복해서 넘겨 보다가 배터리가 얼마 남지 않은 것을 확인하고 이내 가방으로 집어넣었다. 액정 속 배터리 경고는 자신의 머리 위에도 떠 있는 것만 같았다.

'은정 씨, 올해 상반기 자료도 보내주세요. 은정 씨, 아침에 보내준 자료에 하나 빠진 게 있네요. 은정 씨, 미팅 준비는 다 끝났나요? 은정 씨, 은정 씨……'

불을 끄고 침대에 누웠지만 메신저의 글자들이 눈앞에서 어지럽게 돌아다녔다. 고개를 돌리고 옆으로 누워봐도 그 글자들은 쉽게 사라지지 않았다.

회사를 그냥 그만둘까. 엄마한테는 뭐라고 말을 하지? 어렵게 취직했는데 그만두고 뭐 해서 먹고 살 거냐고 할 게 뻔한데. 아직 만기가 남은 적금은 어떻고. 당장 그만두면 월세는 어떻게 낼 거야?'

여러 번 퇴사를 고민했지만 당장 답은 없었다. 실제로 회사를 그만두고 나간 동료들만 봐도 답은 뻔했다. 퇴사 후 삶에 만족하는 이는 거의 없었다. 다른 회사에 가도 비슷한 문제로 고민을 털어놓았다. 결국 회사의 많은 업무량에 적응하지 못하는 것은 개인의 역량 문제로 귀결되는 듯했다.

지금은 자신과 함께 과도한 업무에 대해 불만을 품은 동료들도 회사의 업무 떠맡기는 방식에 적응하고 나면, 모두 그렇듯 마치 이게 정상인 듯 일하겠지. 그러면 결국 도태되는 것은 나뿐일 테고.

그래서 은정은 버티기를 결정했다. 버텨야 한다. 견뎌내야 하고말고. 오늘 밤에도 또 잠을 이루지 못할 정도로 피곤하겠지만 은정에게 당장 필요한 것은 잠을 자는 것보다 지금을 이겨내야 한다는 밑도 끝도 없는 연약한 의지뿐이었다.

🌧 은정 씨의 고민

오랫동안 혼자서 감당하기 어려운 업무가 주어졌습니다. 그래서 피로가 쌓인 것 같아요. 요즘 가장 힘든 일은 피곤한데도 잠이 오지 않는다는 거예요. 몸은 천근만근인데 막상 자

리에 누우면 잠들기가 어려워요. 내내 뒤척이다 새벽 늦게야
겨우 잠이 듭니다. 그래서 다음 날 출근하면 더 피곤하고 일
에 집중도 잘되지 않아요.

직장에서 인간관계 역시 너무 어려워요. 어떻게 처신해야 할
지도 잘 모르겠어요. 이렇게 일이 많은 것을 당연하게 생각하
는 사람들에게 저의 의견을 말할 자신이 없고 또 따돌림을 당
하면 어쩌지라는 생각 때문에 괴롭습니다.

지쳐 있는 나,
힘을 남기기

은정 씨는 회사에 입사했던 몇 년 전 '은정'이라는 멋지고 아름다운 차에 연료를 가득 넣고 출발했습니다. 그런데 목적지까지 가는 길은 멀기도 할뿐더러 험했지요. 아직도 갈 길이 한참 남았는데 연료가 거의 다 떨어지고 말았습니다. 은정 씨 상태가 딱 이렇습니다. 마치 연료가 다 떨어진 차처럼 소진(exhaustion)이 된 거죠.

많은 직장인이 은정 씨와 비슷한 경험을 하리라 생각합니다. 치열한 경쟁을 뚫고 직장 생활을 시작했지만, 예상과는 다른 현실을 마주하는 것 말이지요. 처리하기 버거운 업무량에 치이고, 이해해 주지 못하는 상사들에게 상처받고요. 말이 통하는 동료라도 있으면 다행이지만 현실은 그렇지 않은 경우도 많지요. 그렇다고 무작정 일을 그만둘 수도 없습니다. 생계를 위해,

앞으로의 미래를 위해 그저 묵묵히 버텨내지요. 그러다 보니 많은 직장인이 이렇게 생각하는 것 같아요. 나만 힘든 건 아닐 거야, 직장 생활은 힘든 게 '정상'일 거야라고요.

｛ 직장은 스트레스를 받아야 하는 곳 ｝

사회에는 여러 형태의 직장이 있고, 그보다 더 다양한 업무가 존재합니다. 하지만 근무하는 사람은 대개 비슷한 모습입니다. 직장이라는 '환경'은 쉽게 변하지 않기 때문에 사람이 그곳에 적응하며 지내는 것이지요. 시대가 변함에 따라 개성을 존중하고 다양성을 인정해 주는 곳이 늘어나긴 했지만 그래도 직장은 기본적으로 '스트레스'를 주는 장소로 인식됩니다.

지난 십수 년간 업무 강도는 분명히 세졌습니다. 정보통신기술을 활용하게 되면서 업무가 단순해졌다고는 하지만, 실제 직장인들은 오히려 더 빠른 시대 요구에 부응하려고 더욱더 노력해야 하는 아이러니를 겪고 있습니다. 그러다 보니 이 변화에 적응해야 하는 직장인에게 바라는 기대가 여기저기서 높아졌지요. 아무리 적합한 업무라도 지나치면 불합리하게 바뀌기 마련이지요.

모든 게 실수투성이었던 신입 시절을 지나 은정 씨처럼 안정적으로 일하는 시기가 오면 어느 정도 편해져야 할 텐데, 어느

틈엔가 직장에서 요구하는 것이 많아집니다. 그렇다 보니 당연히 계속 힘들다고 느낄 수밖에 없지요. 직장은 원래 힘이 들고 스트레스를 받는 곳이라는 전제를 두고 생각해야 하는 이유가 여기에 있어요.

어떤 일을 대할 때 그 일이 힘들 것으로 예상하고 시작하는 것과 그렇지 않은 경우에는 대처하는 모습이 확연히 달라지기 때문이죠. 아침에 일어나 비 예보를 확인하고 우산을 들고 외출했던 날과 갑자기 아무런 준비 없이 소나기를 맞아버린 날을 떠올리면 이해하기가 쉬울 거예요.

〔지쳐 있는 나〕

사람들은 외부에서 받는 스트레스를 자기 나름의 방법대로 관리하며 지냅니다. 누구에게나 같은 방법이 통하는 것은 아니기 때문에 위험하지 않고 스트레스가 해소되는 효과를 누릴 수 있다면 어떤 방법이든 괜찮아요. 하지만 이런 관리 방법의 대부분도 일정 수준 이상 에너지가 있어야 가능한 것들이지요. 스트레스 관리에도 신체 에너지뿐만 아니라 정신 에너지도 많이 필요하거든요.

힘들 때 친구나 가족에게 이야기하지 못했던 이유는 에너지가 부족해서입니다. 은정 씨에게 소통의 문제가 있다거나 그러한 행동이 불필요하기 때문은 아니라고 생각해요.

스트레스가 가져다주는 가장 큰 문제는 적당한 스트레스 관리법을 찾지 못해 스스로 감당할 수 없을 만큼 그 양이 커졌을 때입니다. 이런 상태가 오래 이어지면 '소진' 상태가 되어버리기 쉬워요. 이 상태에서는 스트레스 관리에 쓰이는 에너지조차 줄어들지요.

소진은 감정적인 요구에 오랜 기간 정신적, 육체적 에너지를 쓰면서 야기된 정신적 피로감을 뜻합니다. 일에서 생겨난 스트레스 그 자체가 아닙니다. 장기간에 걸쳐 스트레스를 해소하기 위해 여러 방면으로 노력했지만 성공하지 못한 최후의 상태가 소진에 해당하지요.

소진 상태는 대개 충분한 휴식을 취하면 회복되지만, 계속되면 우울증과 같은 정신질환 발생 가능성을 높이기도 합니다. 그래서 개인이 소진을 막으려면 평상시 적극적으로 스트레스를 관리하는 것이 좋습니다.

하지만 이러한 소진에 빠진 건 은정 씨의 잘못이 아니에요. 직무 스트레스가 과도한 것, 스스로 관리를 소홀히 한 것, 개인의 성격과 능력 등 어떤 한 가지 원인만으로 소진이 생기지 않아요. 그런데 소진 상태에 빠지면 사람은 대부분 자신의 문제라고 단정 짓고 맙니다.

자신을 떠올려보세요. 은정 씨는 과거에도 그랬고 지금도 정말 괜찮은 사람이잖아요. 연락할 친구가 있고, 가족이 있으며 다니는 직장이 있다는 사실이 그 근거들이지요. 하지만 사람들은 정신 에너지가 고갈되면 생각이 자신을 해치는 쪽으로 가기 쉬워요. 그사이 잘해왔던 일이나 대인관계도 부정적으로 바라보고, 불확실한 미래를 불안과 두려움으로 인식해 자신을 괴롭히고 맙니다.

직장이 힘들고, 스트레스받는 곳이라는 사실은 내가 바꿀 수 없어요. 우리가 이러한 직장 안에서 생활하는 한 할 수 있는 것이 별로 없다는 뜻이지요. 우울하고 절망적인 소식이라고 느낄지 모르겠지만 반대로 생각해 봅시다. 이제 직장은 원래 힘든 곳인 것을 알았으니 힘들지 않으려 애쓰기보다 에너지를 관리하면서 나의 무게중심을 직장이 아닌 '나'에게 맞춰보면 어떨까요?

〔힘을 남기기〕

무엇보다 소진을 막는 효과적인 방법은 업무에서 만족감을 높이는 것입니다. 일에 관한 관심, 성장과 진로에 대한 기회, 자신의 재량에 따라 일할 수 있는 능력, 그리고 상사 및 동료들과 원활하게 의사소통하는 능력이 소진을 막을 보호 요인들이지요.

사실 소진은 대개 환경 요인이 지나칠 때 발생하기 때문에 개인 노력만으로 해결하기는 쉽지 않습니다. 그래서 회사 관리자는 직무 환경에서 소진을 일으킬 만한 요인이 없는지 꾸준히 살피고 직원의 마음 건강 관리에 주의를 기울여야 합니다.

삶의 균형을 맞춘다는 것은 일에서 받는 스트레스를 삶의 다른 부분에서 관리한다는 의미입니다. 조금이라도 에너지가 있으면 무언가를 할 때 즐겁다는 느낌이 들고 그것이 생활 활력소로 이어질 수 있어요. 그렇지 않으면 무기력한 일상이 반복되기 쉬워요. 소진을 관리하는 방법은 일하느라 쏟아부었던 에너지를 조금씩 가져오는 것입니다.

업무 강도를 직장인 스스로 조절하긴 어렵지요. 내 그릇이 작다면 남의 것도 빌리고, 넘치면 닦아내기도 해야 하듯 내 일이 필요한 에너지 수준을 넘어선다면 대처 방안을 마련해야 합니다. 일단 은정 씨가 지금 상태에서 쉽게 할 수 있는 세 가지를 알려드릴게요. 첫째 거절하기, 둘째 부탁하기, 셋째 요령 부리기입니다.

일반 직장인이 상사의 업무 지시나 회사의 일을 거절하라니, 상상하기 어려울 수 있어요. 하지만 거절이 꼭 극단적 행동이라 여길 필요는 없습니다. 거절은 반대의 뜻을 전달하거나 일을 하지 않겠다는 뜻이 아니에요. 업무를 다른 사람과 나눠서

하거나 함께하고, 미루었다 처리하는 것과 같이 스스로 양과 속도를 조절한다는 의미가 더 크지요.

거절이 힘들다면 부탁하는 방법도 있어요. '부탁'은 내 능력이 부족해서가 아니라 적정선을 벗어나는 일이니 도움을 청한다는 의미입니다. 직원이 자신의 능력을 정확하게 파악하고 효율적으로 일 처리하는 것은 직장 전체에서도 오히려 득이 되지요. 다른 사람에게 피해를 줄 것 같아 미안한 마음이 들 수 있어요. 그런 마음이 드는 것은 당연해요. 부탁하는 사람에게 그 마음도 함께 표현하고, 나 역시 당신이 힘들 때 언제든지 돕겠다는 뜻을 전달하면 충분합니다.

마지막으로 적당히 요령을 피우는 것도 필요해요. 요령 피우기가 일을 적당히 하기로 되어버리면 그건 바람직하지 않습니다. 업무 완성도에 크게 해가 되지 않는 선에서 일에 지친 상태를 잠시나마 회복하는 의미가 되어야 해요. 에너지를 되찾으면 더 나은 집중력으로 일할 수 있기 때문이지요.

이런 방법에서 중요한 것은 누가 행동하는가를 아는 겁니다. 직장인은 직장에 속해 있지만, 내 삶의 주인이기도 해요. 내가 에너지와 능력에 맞춰 삶을 조절하는 것이 가장 중요합니다. 잊지 마세요. 은정 씨라는 멋지고 아름다운 차의 주인은 바로 자신이라는 것을요.

균형은 맞춰진 채로 유지하기보다 조절하려고 애쓰는 과정이 더 의미 있어요. 삶에서 균형을 잡는 데 남이 세운 기준, 남이 보는 시선을 의식하다 보면 중심이 흔들립니다. 소진에서 벗어나 균형을 잡으면 분명 은정 씨가 가진 원래 능력대로 충분히 생활할 수 있을 거예요.

그때까지는 지금처럼 '그냥' 버티지 말고, 시도해 보지 않은 방법을 활용하면 더 편하게 버틸 수 있을 거예요. 처음 회사에 입사했던 때로 돌아가 긴장감 속에 지냈던 그 기억을 떠올려 보세요. 많이 힘들고 외로웠지만, 그 시기를 잘 이겨냈던 경험이 있습니다. 은정 씨는 이미 훌륭한 균형감을 가진 사람이에요.

☀ 세 가지 처방

1. 직장은 기본적으로 힘든 곳이라는 생각에서 출발하되 이 힘든 곳을 이겨내는 나만의 스트레스 관리법을 연구하고 적용하자.

2. 일과 삶의 균형을 맞추는 것이 중요하다. 일에만 에너지를 모두 쓰지 말고 삶을 위해 남겨두자.

3. 거절하기, 부탁하기, 적당히 요령 피우기는 일을 피하는
   것이 아니라 잘하기 위한 고급 기술이다.

{ 나를 피곤하게
만드는 사람들 }

"과장님, 어제 은정 씨랑 같이 머리를 맞대고 고민을 좀 해봤는
데요. 일단 거래처 쪽 업무는 은정 씨가 전담하기로 했고요, 저
는 사무실에서 업무 서포트를 맡기로 했습니다."

과장이 출근하자마자 A는 곧장 과장의 꽁무니를 따라가 신
속하게 보고했다. 그 모습을 보는 순간 내 두 귀와 손도 빠르게
굳어버리고 말았다. 하지만 A는 내가 전혀 보이지도 않는 듯,
아니 볼 생각도 없다는 듯 무심히 옆을 스쳐 지나쳤다. A의 옷
끝에 보이지 않는 날카로운 칼이라도 달린 것일까? 재킷 자락
이 닿은 팔꿈치에서부터 쓰라린 전율이 심장까지 빠르게 도착
했다.

사실 업무 분담은 모두 A의 일방적인 통보로 이뤄졌다. 어
젯밤 '나는 사무실에서 서포트할 테니 이제 앞으로 거래처 업

무는 은정 씨가 맡아줘'라는 메시지를 보고 얼마나 당황했었는지. 미련하게도 생각할 시간이 필요했던 내 머리가 뒤늦게 만들어낸 분노는 오늘도 A의 선제공격에 묻혀버리고 말았다. 한 발 늦게 과장에게 가서 이러고저러고 이야기를 해봤자 둘이 알아서 하라는 짜증 섞인 핀잔만 돌아오겠지. 아니면 나만 또 말귀도 잘 못 알아듣는 멍청한 애가 되거나.

일방적인 태도에 소심한 반박이라도 하듯 키보드 자판을 더 세게 두드렸다. 하지만 A는 아랑곳하지 않고 꼿꼿하게 앉아 흔들림 없이 일했다. '항상 나만 이렇지. 나만 억울하고.'

늘 빠르게 처리하고 모양새가 나는 일들은 A가 도맡아 했다. 반면 시일을 질질 끄는, 어떻게 해도 답이 나오지 않는 일들은 마치 선심을 쓰듯 나에게 주는 교묘한 업무 태도는 당사자인 내가 아니면 도무지 알아챌 수 없는 노릇이었다. 지난번 과장의 개별 면담 때 고충을 구구절절 털어놓았던 적도 있었다. 하지만 돌아오는 답은 그저 '여자들은 말이 많아서 피곤해. 둘이서로 알아서 잘 해결하라'는 무심한 반응이었다. 그런데 A는 과장에게 자신의 성과를 보기 좋게 포장해 내어놓으며 어필했고 '힘들겠지만 열심히 해라'라는 격려를 받았다.

A와 나의 관계가 아주 처음부터 엉망이었던 것은 아니다. 나보다 일 년 먼저 회사에 들어온 A는 따스한 미소를 보이며 먼

저 다가와 주었다. 처음에는 예상치 못한 친절이 부담스럽기도 했지만 솔직히 말해 모든 것이 낯설었던 그 시기에 A의 친절은 꽤나 고맙게 느껴졌다. 그리고 현실적으로 나의 직장 생활 적응에도 큰 도움이 되었다.

출근해서 밥은 누구랑 먹을지, 상사에 관한 정보는 어떻게 얻을지, 직장에서 과연 적응을 잘할지 등 걱정거리가 있던 나에게 특유의 친화력으로 먼저 다가와 준 A였기에 고마움이 있었다. 그리고 바보 같게도 호의가 진심이라 믿었다.

"나는 말이야, 은정 씨랑 이렇게 지내게 되어 정말 좋아. 정글 같은 이 회사에서 나랑 비슷한 또래 친구가 생긴다는 건 정말 위로가 되는 일이니까. 내가 그동안 많이 외로웠거든. 옆 팀 B 씨 말이야. 사실은 입사 동기라서 나랑 정말 친하게 지냈었어. 회사 끝나면 저녁도 자주 먹고 쇼핑도 같이 하고. 그런데 어느 날 우연히 B 씨가 탕비실에서 내 욕 하는 걸 들었어. 주로 업무적인 그런 것들이었는데, 정말 배신감 느껴지더라. 그동안 난 내 일 다 제쳐놓고 B 씨 업무 많이 도와주고 그랬거든. 에휴, 결국 내 호의는 다 무시하고 본인 유리한 쪽으로만 말하고 생각하더라고."

언제부터인지 A와 B가 같이 다니는 모습이 점점 줄어들었다. 대신 A는 내 팔짱을 끼고 다니는 일이 많아졌다. 보란 듯이 나와 점심을 먹으러 가고, 퇴근할 때도 함께 가려고 했다. 물론 그런 A가 마냥 싫기만 했던 것은 아니다. 정말 내 업무를 분담해 도와주기도 했고 경력이 부족한 내가 처리하지 못하는 일들도 선뜻 나서서 해결해 주기도 했다. 어느 순간엔 A가 정말 오래된 친구처럼 느껴졌다. 나 역시 살벌한 회사라는 공간에서 누군가와 마음을 나눈다는 것이 의지가 되기도 했으니까.

그러나 A와 친하게 지내면 지낼수록 나는 무언가 잘못되었다는, 이상하다는 느낌을 받았다. 업무량이 많아질수록 A가 편하게 보이는 것은 단지 기분 탓일까? 그동안 나를 도와주었던 호의 뒤에는 개운치 못한 의도가 담긴 것일까? 마음이 혼란스러워진 나는 A와 함께하는 시간이 점점 불편하게만 느껴졌다. 마음은 마음으로 전해진다고 했나. A도 그런 기색을 눈치챘다.

"은정 씨, 나한테 뭐 화난 거 있어? 예전하고 좀 다른 거 같이 느껴져서 솔직하게 물어보는 거야."

퇴근 후 혼자 침대 위에 너부러져 영화를 보는데 메시지가 도착했다. 먼저 내 마음을 물어봐 주는 태도에 그간 서운했던 마음이 조금은 누그러졌다.

"A 씨를 불편하게 만들었다면 미안해. 그런데 힘든 업무가 요즘 나한테만 넘겨지는 것 같아서 좀 버겁고 서운했어."

"어머, 그렇게 느꼈구나. 일부러 그런 건 아니라는 거 알지?

친한 사이에 같이 일하다 보면 서로 오해할 일들이 좀 생기는 거 같아."

"아…. 우리 회사가 워낙 힘들다 보니까 나도 한쪽으로 좀 치우쳐 생각한 부분이 있는 것 같아."

"그럴 수도 있겠네. 솔직하게 말해줘서 다행이다. 앞으로 나도 조심할게. 잘 자고 내일 봐."

"응. A 씨도 잘 자!"

하지만, 다음 날 회사 앞에서 마주친 A 씨의 얼굴은 냉랭함 그 자체였다. 인사를 하는 둥 마는 둥 사무실에 들어와서도 쌀쌀맞은 기분은 가실 줄 몰랐다. 차라리 어젯밤으로 시간을 돌려 서운한 것 없다고, 오해했으면 미안하다고, 내가 피곤했나 보다고 번복하고 싶을 정도였다. 이럴 때 다른 사람과의 불편한 감정을 잘 숨기지 못하는 성격이 원망스러웠다. 나는 왜 누군가에게 당당하게 화내고 요구하지 못할까. 또 아니다 싶으면 무시해 버리지 못할까.

불편하고도 긴긴 하루가 끝이 나는 듯했지만, 공교롭게도 오늘은 회식이었다. 예전 같으면 A와 함께 앉아 킥킥거리며 부장 욕을 했겠지만, 오늘만큼은 그럴 수가 없었다. 오전 9시부터 오후 6시까지 싸늘한 얼굴로 나를 피했던 A와 같이 앉아 어떻게 아무렇지도 않게 밥을 먹을 수 있겠는가.

"어? 오늘은 은정 씨랑 A 씨 따로 앉았네요."

옆 팀의 G가 불쑥 옆자리로 와 술을 따르며 말을 건넸다.

"아 네…… 뭐 일부러 그런 건 아닌데 어쩌다 보니 이렇게 됐어요."

서글서글하게 잘 웃는 G는 평소에 A가 마음에 들어 하던 사람이었는데. 지금 이 자리에 함께 있었다면 아마 좋아했겠지.

"이제 끝나가는 모양인데, 저랑 한잔 더 하고 가실래요?"

자박하게 졸은 매운탕 국물을 떠먹다 나는 생각하지 못한 제안에 놀라 캑캑거렸다. G가 빙그레 웃음을 지으며 나에게 물잔을 건넸다.

"사실은 은정 씨한테 뭐 하나 말해주고 싶은 게 있었어요."

선술집으로 이동해 맥주를 한 잔 들이킨 G가 나에게 말을 건넸다.

"A 씨 말이에요. 조심하는 게 좋을 거예요."

"네? 그게 무슨 말씀이신지."

"예전에 A 씨랑 한 팀에서 일했어요. 은정 씨 입사하기 전에."

"아, 그랬나요?"

"네. 지금은 퇴사하신 팀장님하고 저하고 A 씨가 지금 은정 씨 맡은 일을 하던 팀이었어요. 근데 팀장님이 A 씨 때문에 그만두셨거든요."

"네? 왜요?"

"A 씨가 일도 잘하고 똑똑한 사람인데 업무 분담, 일의 경계가 지나치게 명확해요. 아니, 명확하기보다 절대 손해 보지 않는 타입이거든요. 근데 팀장님이 좀 빠릿빠릿하지 못한 분이었어요. 일도 좀 오래 하시는 편이었고. 그래도 사람은 좋아서 우리가 요구하는 것들은 최대한 수렴하는 편이었는데. 그걸 못 참는 A 씨가 회사 내부에 투서를 넣었어요. 결국, 윗분들한테까지 무능한 것으로 낙인찍힌 팀장님이 권고사직을 당하는 쪽으로 마무리가 됐죠."

"저는 정말, 몰랐어요. 그런 일이 있을 줄이야."

"누구나 회사에 나와 자기가 받은 만큼 일을 하고 월급을 받는 거고. 무능한 사람하고 일하면 당연히 짜증이 나죠. 근데, 저는 그 과정에서 A 씨가 보였던 모습이 좀 그랬어요. 팀장님 아이가 둘이나 있는 아빠고 가장인데 그렇게까지 해야 했나 하는 아쉬움도 있었고요."

"네……."

"함께 일한 건 아니지만 옆에서 지켜봤을 때 A 씨 이길 수 있는 사람 아니에요. 이미 업무적으로 많이 부담스럽지 않아요? 업무량도 상당할 텐데요."

"아 네. 사실 A 씨하고 일 때문에 이미 좀 틀어져 있긴 해요."

"그럴 거 같더라고요. 제가 해드릴 수 있는 조언은 은정 씨도 A 씨처럼 자기를 좀 지켰으면 하는 거예요. 구체적인 방법은 저도 잘 모르지만요."

"네…… 감사해요."

"죄송하네요. 특별한 해결책도 드리지 못하는데 괜히 무거운 생각만 옮긴 것 같아서."

G의 조언에 이어 회사에서의 이런저런 이야기로 시간이 많이 흘렀다. 그의 호의로 마음은 훈훈해졌는데 나는 그것이 알코올 탓인지, 그와의 감정 교류로 인한 뇌의 화학적 반응인지 알 수 없어 당황스러웠다.

늦은 밤, 아무도 없는 버스 정류장에서 G와 나는 막차를 기다렸다. 잠시 몇 마디 말을 주고받았다. 사소한 업무 이야기나 퇴근 후 무엇을 하고 지내는지 등이 오가고 살짝 취기가 오른 나에게 G가 핸드폰을 내밀어 내 번호를 받아서 갔다. 우리는 긴 눈 맞춤으로 인사를 대신했다.

내가 탈 막차가 먼저 도착했다. 집에 어떻게 돌아왔는지 기억이 잘 나지도 않을 만큼 정신이 없었다. 그리고 새벽녘까지 잠을 잘 이루지도 못한 채 뒤척이다 겨우 한 시간쯤 잠을 자고 일어났다. 제대로 자지 못한 두 눈에 뻑뻑한 느낌이 들었지만 이상하게 기분이 나쁘지는 않았다. A와 전 팀장의 이야기는 충

격이었지만 그래도 출근해 G와 마주칠 생각을 하니 가슴에 잔
잔한 물결이 일렁이듯 설레었다. 그때 핸드폰 액정에 G의 메시
지 도착 알림이 떴다. 잘 잤냐는 아침 인사였다. 답장을 보내는
데 나도 모르게 입가에 미소가 지어졌다.

　채우지 못한 잠을 커피로 대신하러 탕비실로 갔다. 일찍 출
근한 직원들 몇몇이 모여 이야기를 하고 있었다. 그 모습 사이
로 구김 없이 빳빳하게 잘 다려진 A의 재킷 자락이 보였는데
불현듯 어떤 불안감 하나가 갑자기 가슴에 훅 하고 파고들었
다. 곧이어 옷자락만큼이나 힘을 주어 곤두세운 A의 목소리가
들려왔다.

　"아무튼, 내가 봤을 때가 새벽 한 시 넘어서였나? 은정 씨랑
G 씨가 단둘이 회식했던 식당 근처에 있더라고. 난 어제 회식
끝나고 근처에서 친구 만나 2차 하고 돌아가던 길이었거든. 둘
이 뭐 있어 보이던데. 에휴, 일도 못하는 애들이 꼭 직장에서 남
자를 사귄다니까."

☁ 은정 씨의 고민

직장에서 함께 일하는 동료가 있습니다. 겉으로는 저를 잘 챙겨주는 것 같지만, 알고 보니 업무를 저에게 떠넘기기 위한 계산된 행동이었습니다. 더군다나 그 직원이 다른 사람들에게 저에 대해 안 좋은 소문을 퍼뜨리고 다니고요. 너무 억울하고 화가 납니다. 하지만 이런 제 마음을 그 동료에게 솔직히 털어놓자니 영영 어색한 사이가 될 것 같고, 자칫하면 일에서도 불이익을 받을 것 같아 겁이 납니다.

좋은 관계를 위해
기억해야 할 것들

인간의 정신 구조를 이해하기 위한 다양한 이론적 접근 중 다른 사람을 어떻게 대하는지를 통해 이를 설명하려는 이론이 있습니다. 이것을 '사람을 대하는 비 의식'이라고 하는데요. 어릴 때 마음속에 만들어진 다른 사람과의 관계가 발달을 거치면서 조직화되어 타인을 대하는 양식을 결정한다는 내용이지요.

즉 타인과의 관계를 통해 내가 누구인지를 알 수 있고 나의 행동과 생각, 감정, 동기 등이 결정되어 정신 구조를 완성한다는 뜻입니다. 그래서 비록 의식적으로는 떠올리기 어렵지만 어린 시절의 경험이 중요하며 이것이 성인이 된 후 다른 사람을 대하는 자신의 정신 활동에 크고 작은 영향을 끼치는 것이지요. 이때 형성된 정신 구조는 표정과 말투, 타인을 대하는 감정 반응과 행동 양식까지 폭넓게 영향을 받습니다.

'사람을 대하는 비 의식'은 우리가 사회생활을 하며 타인과 관계를 맺을 때 아주 중요한 역할을 합니다. 인간은 사회를 떠나 살 수 없는 존재이기 때문에 다른 사람과의 관계가 안정적일 때 삶도 안정적일 수밖에 없습니다. 당연히 오랜 시간을 함께 보내는 가족이나 직장 동료, 연인과의 관계에서 문제가 발생하면 누구나 큰 스트레스를 경험합니다.

은정 씨가 느끼는 스트레스는 거의 '분노'에 가까운 감정이라 여겨집니다. 지금 이 상황에 문제가 있다는 것을 알지만 당장 무엇을, 어떻게 해야 할지 몰라 난감해하고도 있고요. 이러한 타인의 공격은 마치 갑작스러운 교통사고를 당한 것과 같이 당황스럽고 고통스럽습니다. 은정 씨가 혼란스러워하는 게 당연해요. 그 마음이 충분히 이해가 갑니다.

[관계를 다루는 시각]

은정 씨와 A의 관계를 살펴볼까요? 은정 씨는 A를 대할 때 마냥 편하다고 느끼지 않았어요. A의 말과 행동에 문제가 있는 것은 알았지만, 솔직하게 표현하고 거리를 두기 어려웠지요. 누군가는 이런 태도를 답답해할지도 몰라요. 말 한마디면 될 간단한 문제로 치부하기도 하죠. 하지만 '평범한' 관계를 맺을 수 있는 은정 씨 같은 사람이 다른 사람의 뒷이야기를 쉽게 하는 A와 가깝다면 당연히 망설일 수밖에 없습니다.

혹시 나도 밉보이면 뒤에서 욕을 하지 않을까? 나에 대해 나쁜 소문을 내지 않을까? 그래도 힘들 때 도움을 준 사람인데 내가 너무 매정한 건 아닐까 등등의 생각이 꼬리에 꼬리를 물고 이어지죠. 사람 사이의 관계가 항상 순탄하지 않지만 이렇게 관계를 생각할 때 불안한 마음이 먼저 들고, 편안하기보다 걱정이 우선한다면 분명 바람직한 관계는 아닐 겁니다.

관계를 다루려면 우선 내가 편하지 않다는 느낌을 알아차리는 것에서 시작해야 합니다. 은정 씨는 줄곧 A의 말과 행동에서 불편함을 느꼈습니다. 불편하다는 것은 무엇일까요? 바로 A를 향한 은정 씨의 마음이 자연스럽지 못하다는 것을 의미합니다.

〔교묘한 조절〕

관계에는 최소한 사람 두 명이 있어야 하지요. 누구의 잘못이 더 큰가를 따지기보다 서로의 어떤 행동과 반응이 이런 문제를 일으켰는가를 먼저 생각해 봐야 해요.

A는 은정 씨가 관계를 그르치고 싶어 하지 않는다는 걸 알았던 것 같아요. 그래서 그 점을 이용해 교묘하게 은정 씨를 조절하고 있었던 거죠. 그러니 은정 씨는 모를 수밖에 없지요. 이런 '부류'의 사람이 왜 다른 사람을 조절하려는지에 대해서는 굳이 알

필요가 없습니다. 다만 이런 정상적이지 않은 관계에서 나를 지키려면 이런 사람들이 관계를 맺는 방법을 알 필요는 있지요. 은정 씨가 알 수 없는 불안감과 불편함을 느낀 것은 이런 조절을 받는 것을 자신도 모르게 알았기 때문일지도 몰라요.

처음에 '사람을 대하는 비 의식'을 알아보았습니다. 누구나 똑같지는 않지만 사람은 대개 비슷한 발달 과정을 거칩니다. 단순히 한 단계에서 만들어진 구조가 다음 단계 그대로 이어지거나 합쳐지는 것은 아니에요. 각 발달 시기를 거치면서 여러 환경 요인의 영향을 받아 새로운 구조와 조직을 가지지요.

이 변화는 특정 시기에 완성되는 것이 아닙니다. 성인이 된 이후에도 과거의 좋지 않은 경험이나 부정적 영향을 끼치는 대상과의 관계로 망가질 수도 있습니다. 또한 적절한 치료와 개입을 통해 잘못 형성된 정신활동을 회복할 수도 있습니다.

A의 경우 발달 시기를 거치며 타인과 좋은 관계를 형성하는 구조와 조직이 제대로 발달하지 못했을 가능성이 높습니다. 그러니 A와 관계를 맺어야 하는 이런 상황에서 부당한 관계를 거절하지 못하고 자신의 의견을 내지 못하는 것이 꼭 은정 씨만의 문제라고 단정할 수는 없어요. A 같은 사람이 관계의 책임을 강요하고, 멀리할 수 없는 공포심을 조장했기 때문이지요. 그런 사람은 본능적으로 수동적이고, 의견을 내지 않으며, 거

절하기 어려워하는 사람을 찾아낸답니다.

업무 배분을 무기로 삼아 다른 사람을 휘젓는 일은 직장인으로
서, 사회인으로서 참 화가 나는 상황입니다. 이쯤 되면 은정 씨
가 느끼는 분노에 가까운 감정이 자연스러울 정도지요. 아무
잘못을 하지 않았음에도 A의 조절 때문에 또 다른 피해를 보게
되었으니까요. 하지만 은정 씨는 이런 부당한 관계, 은밀한 공
격에 대해 '제대로' 화를 낼 수 없었죠.

　우리는 왜 화를 잘 표현하지 못하는 것일까요? 아마 오랜 학
습 효과 때문일 것입니다. 어린 시절부터 이런 이야기를 들어
왔지요. "화내지 마라, 참아라, 화내는 건 옳지 못한 행동이다."
분노를 용인하지 않는 사회 분위기는 화를 내면 나쁜 것이고,
화를 내면 어른에게 혼나고, 화를 내면 친구와의 관계가 멀어
진다는 것을 자연스럽게 체득하게 만듭니다. 그리고 부모님에
게서, 또래들 사이에서, 형제들 사이에서 이런 경험은 조금씩
자리를 잡아갑니다.

　특히 여성의 경우 조용하고 침착하며 부드러운 말투를 쓰는
모습은 옳은 여성상으로, 외향적이고 적극적이며 감정 표현에
솔직한 모습은 옳지 못한 여성상으로 고정시킨 잘못된 관습 탓

이기도 합니다. 이런 환경 요인이 모두 어우러져 화내야 하는 상황에서도 감정을 솔직하게 표현하지 못하도록 발목을 잡는 것이지요.

상황에 따른 감정이 어찌 항상 같을 수 있을까요? 내가 느끼는 감정과 표현이 문제가 아니라 정상적이지 않은 관계를 만드는 그 사람의 '태도'가 문제라는 것을 먼저 알아야 합니다. 그다음 분노를 적절하게 표현하는 것으로 관계를 바로잡아야 하지요. 은정 씨가 화가 나는 것은 당연한 일입니다. 그러니 그 화를 일부러 숨기지는 마세요. 분노를 '올바르게' 표출하는 것도 나를 위해 해야 하는 일 중 하나니까요.

{ 바꾸기 위한 준비 }

일방적이고, 은밀한 강요에 의한 관계는 정리하는 것이 최선일 수 있어요. 관계는 두 사람이 만드는 것이지요. 따라서 은정 씨 혼자 열심히 노력하더라도 절반의 변화밖에 생길 수 없는 것이 바로 관계의 한계입니다. 하지만 상대의 행동에 따른 내 반응을 바꾸고, 상대를 대하는 태도가 달라지면 상대 반응과 함께 관계도 온전히 바뀔 수 있어요. 다시 말하면, 내가 변하는 것이 관계를 조절하는 중심인 셈이지요.

좋은 관계는 자신의 감정을 편안하고 자연스럽게 말할 수 있어야 해요. 엄마와 아이의 관계를 떠올려보세요. 아이가 엄마에게 불편함을 막힘없이 표현하면, 엄마가 아이의 말을 잘 듣고 적절히 반응하지요. 이런 소통이 바로 건강하고 좋은 관계의 대표적 특징입니다. 좋은 것뿐만 아니라 불편한 것도 있는 그대로 이야기하고, 잘 수용해 주는 관계야말로 안정적 관계입니다.

이런 관계를 만들기 위한 변화의 시작은 감정에 솔직해지는 것입니다. 특히 화를 낸다는 것은 내가 상대를 공격하거나 관계를 깨뜨리는 것이 아니라 오히려 관계를 안전하게 유지하는 데 필요한 과정이라고 생각해야 해요. 화를 내면 나쁜 사람이라는 관습을 따르거나 막연한 두려움을 떨쳐야 합니다. 우리가 화를 느끼는 것만으로 문제가 생기지는 않아요. 이것을 어떻게 상대에게 전달하는가에 초점을 두어야 합니다.

가장 안전한 것은 '언어'를 이용하는 것이지요. 어떻게 말해야 하는가, 즉 수위를 어느 정도에 두어야 하는가는 꽤 많은 시간과 노력이 필요합니다. 하지만 많은 시행착오를 거쳐 화를 잘 표현하는 기술을 익힌다면 한층 관계가 좋아지는 경험을 할 수 있어요.

타인에게 도움을 청하는 것도 좋은 방법입니다. 도움을 청하는 행위를 내가 약하거나 혹은 못나서라고 해석하면 곤란합니다. 스스로 해결할 수 없는 일에 타인의 도움을 얻는 것은 당연하고 자연스러운 일이에요. 특히 관계가 현실에 중대한 문제를 일으킨다면 더욱 도움이 필요합니다. 상대의 명백한 잘못에 대해 직접 처벌할 수 없지만, 그것이 정말 부당하다면 직장이나 외부 전문가의 도움을 받아 문제를 해결해야 합니다.

{ 관계를 끝내는 것 }

여러 방법으로 관계를 바꾸는 것이 어렵다면 깨끗하게 접는 것도 중요한 선택이 됩니다. 하지만 말이 쉽지, 관계를 정리하기는 쉽지 않아요. 사람을 잃는 것은 큰 슬픔인 동시에 용기가 필요한 일이니까요.

하지만 이 관계를 통해 내가 무언가를 계속 잃어간다면 적절한 선에서 끝냄으로써 자기 자신을 지키는 것이 좋습니다. 관계를 끝낼 때 느껴지는 두려움을 극복해야 할 과정으로 여기는 마음가짐이 필요하지요.

어떤 선택을 내리든 쉽지 않을 거예요. 충분히 이해합니다. 관계는 분명 어려운 영역이에요. 하지만 그동안 다른 사람과의 관계가 나쁘지 않았고, 주위에 도와줄 만한 사람들이 있다면 너무 걱정하지 않아도 좋습니다. 자신에 대한 믿음과 혼자가 아니라는 위안이 잘못된 관계를 정리하는 데 큰 힘이 되어줄 거예요.

☼ 세 가지 처방
—

1. 관계에서 오는 불편함을 알아차렸으면 지금과는 다르게 반응해야 한다.

2. 감정에 솔직해지고 적절하게 표현하는 방법을 익혀보자. 나를 보호할 수 있는 가장 첫 번째 사람은 나임을 잊지 말아야 한다.

3. 관계를 끝내는 것도, 유지하는 것도 오직 나만이 할 수 있는 선택이다.

부장님, 퇴근해도 될까요?

이렇게 거래처 한 바퀴 돌고 나서 마시는 맥주가 최고지 뭐. 나는 집에 가봐야 강아지나 반길까 일찍 갈 필요가 없지만, 은정 씨야 아직 한창땐데 나 같은 늙다리 아저씨랑 맥주 마시는 거 좀 별로지? 그래도 이런 날은 상사 비위도 좀 맞춰준다 생각하고 같이 마셔봐요, 한번.

솔직히 그래. 회사 생활이라는 게 뭐 별거 있어? 하루 종일 뺑뺑이 실컷 돌다가 이렇게 앉아서 한잔할 때, 뭐랄까 그렇지, 카타르시스! 그런 걸 느끼는 거지. 은정 씨 같은 젊은 사람들은 좀 이해가 안 갈 수도 있지. 요즘에는 근무 조건이 참 좋아졌잖아? 우리 때는 절대 그러지 않았어. 최저 임금이니, 야근 수당이니 이런 게 어디 있었겠어? 그냥 하라면 하고 까라면 까고. 그렇게들 일했지.

은정 씨는 이해 안 되겠지만, 그때는 또 그때 나름대로 재미가 있었어요. 새벽에 별 보면서 퇴근하는 그 맛. 참 운치가 있었단 말이지. 요즘 은정 씨처럼 새로 오는 젊은 애들 일 시켜보면, 아휴 아주 엉망도 그런 엉망이 없는데 다들 저 잘났다고 이거 해달라, 저거 해달라 요구하는 것만 많아서 솔직히 피곤하더라고. 그렇게 이것저것 해달랄 거면 회사를 왜 다니나? 회사가 무슨 자기들 부탁 들어주는 곳이야? 아니잖아.

아, 그나저나 이 집 맥주 참 시원하네. 은정 씨도 한 잔 쭉 들이켜. 저번에 회식 날 보니까 은근히 술 잘 마시던데 뭐. 내 앞이라고 괜히 빼지 말고 오늘같이 이렇게 필 좀 받는 날 많이 마셔요. 취하면 내가 데려다주면 되지. 혼자 산다고 하지 않았나? 남자 친구가 알면 기분 나빠 하려나? 흐흐 이런 아저씨가 데려다줬다고. 에이 그런 기분 나쁜 표정 지을 거 없어요. 내가 지금 은정 씨 애인을 하자는 건 아니잖아.

음, 그리고 말 나온 김에 예전부터 좀 해야겠다고 생각했던 말 한마디 좀 할게요. 지금부터 내가 하는 말 기분 나쁘지 않게 들어주었으면 하는데. 이제 은정 씨도 입사한 지 삼 년이 지났고, 그 정도 회사 생활 한 사람이라면 내 말을 잘 알아들으리라고 생각해. 나는 이 회사에서만 이십 년을 일한 사람이에요. 그 동안 은정 씨를 비롯해 정말 많은 직원이 내 밑을 거쳐갔지.

사실 자랑은 아니지만 내 밑에서 일 배우고 했던 직원 모두 참 잘됐어. 우리 회사뿐만 아니라 다른 회사를 가서도 지금 한 자리씩 하고 있단 말이지. 지금 왜 이 이야기를 하냐면, 그 사람들이 꼭 내 덕으로 잘된 것은 아니지만, 그렇다고 내 덕이 아주 없는 건 아니다. 난 이렇게 생각하거든. 무슨 얘긴지 알겠어? 그러니까 쉽게 말하자면 내가 가르쳤던 사람들 모두 나를 통해 뭔가 배운 게 있다고 생각해요. 은정 씨도 그동안 뭐 일 년 이상 나를 겪었다면 나에 대해 얼마큼은 좀 파악이 된 것도 있겠지? 나는 누구 탓하고 부하 직원 쪼아대고 그런 사람 절대 아닌 거 은정 씨도 알지? 그치. 모를 수가 없지. 자기도 나하고 일한 지 일 년이 넘어가는데. 내가 언제 자료 정리 늦게 준다고 타박하길 했어, 아니면 결재 올리라고 닦달을 하길 했어? 항상 나는 우리 팀원들이 마음 상할까 봐 최대한 기다리고 또 기다리는 사람이잖아.

　그래도 지금 은정 씨가 맡은 업무들, 은정 씨 아니면 절대 다른 사람들이 할 수 없는 업무라고 착각하는 건 아니지? 솔직히, 그 업무들 그렇게 까다롭거나 힘든 거 아니잖아. 은정 씨 이전에 있던 전임자도 사실 일은 은정 씨보다 훨씬 먼저 배운 편이었어. 근데 갑자기 그 자식이 유학인가 뭔가 간다고 그만두는 바람에 은정 씨가 들어와서 그 일을 맡게 된 거야. 그런데 업무

인수인계하고 나서 은정 씨 일하는 속도가 더디길래 우리 팀원들이 좀 의아했었지. 그럴 만한 업무는 솔직히 아니었는데 말이야. 하지만, 팀원들에게 그랬어요. 은정 씨는 성격이 진득하고 차분해서 우리가 좀 기다려주면 잘할 것이다. 좀 더 기다려주자. 나는 그런 사람이거든. 팀원들 한 명 한 명이 참 소중해. 왜냐, 사람이 가장 중요한 자산이라고 생각해요, 내가. 우리 은정 씨를 비롯해 우리 팀원들, 모두 나에게 참말로 중요한 자산이다. 난 이렇게 보거든.

그런데 지난번에 은정 씨 한 달에 한 번씩 진통제 맞으러 병원 다녀온다고 했을 때 솔직히 좀 그렇더라고. 그리고 다른 팀원들 얘기를 들어보니 그 부분은 좀 심하다고 생각을 하더라고? 뭐 다들 남자니까 은정 씨한테 말도 못 하고 그냥 내 눈치만 보는 거야. 아니 그게 아무리 심하다고 한들, 업무 시간에 그렇게 병원 다녀오는 게 쉬운 일도 아니고. 그리고 맡은 업무가 있고 책임이 있는 건데 솔직히 죽는 병도 아니고, 다 마치고 병원 가는 게 그렇게 어려운 일도 아니잖아. 안 그래? 아무튼, 세상에 좋은 약도 많고 민간요법이니 한방 요법도 있다고 하니까. 그리고 요즘에 야간 진료하는 병원도 좀 많아요? 혼자 여자 아니니까, 그런 유난은 좀 떨지 않았으면 좋겠다, 하는 게 우리 남자 팀원들 생각이야.

그리고 이왕 말이 나왔으니까 내가 한마디 더 할게요. 나는 솔직히 팀원으로 여자가 들어오는 게 참 싫었어. 더 솔직히 말하자면, 우리 팀이 다른 어떤 팀보다 월 매출이 제일 잘 나오는 거는 알지? 그래서 사장님도 솔직히 나한테는 뭐라고 잘못하는 거, 은정 씨도 알 거예요. 아 뭐 예쁜 여직원이 있으면 좋기는 하지. 분위기도 훨씬 살고 말이야. 근데 그렇다고 언제까지나 비위를 맞춰줄 수는 없는 거고. 게다가 요즘 미투인지 뭔지 그거 때문에 나는 은정 씨한테 톡 하나 보내는 것도 신경이 엄청 쓰인다고. 업무 시간 지나서 보내면 오해나 받을까 싶기도 하고. 그리고 여자들은 좀 말을 못 믿겠더라고 나는. 하도 이랬다, 저랬다 변덕들이 좀 심해야 말이지 흐흐. 그건 우리 집사람만 봐도 알아요. 아침이면 술 처먹지 말고 빨리 들어오라고 잔소리하면서 저녁에 빨리 들어가면 밥도 안 먹고 들어왔냐고, 밥 차리기 귀찮다고 난리라니까. 도무지 그 속을 알 수가 없단 말이야 여자들은.

그나저나 어제는 담배 피우러 나갔는데 새파랗게 어린 여자 신입이 와서 담배를 물고 있대? 걔는 도대체 가정교육을 어떻게 배워먹었기에 여자가 참 남자들 사이에서 담배를 뻑뻑 피우고, 못 쓰겠더만 정말. 혹시 은정 씨도 담배 피우는 거 아니지? 그거 절대 배우지 마요. 여자는 앞으로 애를 낳아야 하는데 그럼 자기 몸도 아껴야지. 근데 은정 씨는 원래 그렇게 말이 없나? 아까부터 계속 내가 말하고 있는 거 같은 생각이 드는데. 아 아니라고? 그럼 뭐 불편한 거 있어요? 에이. 내가 이래서 여직원하고 일하는 걸 안 좋아하는 거라고. 술맛 거 되게 안 나게 하는구먼. 그렇게 불편하면 일어나요, 일어나. 가자고!

☁ 은정 씨의 고민

회사 생활에서 저에게 참 어려운 일 중 하나는 바로 '상사의 갑질'입니다. 상사이기 때문에 저에게 부당한 대우를 하거나 말도 안 되는 요구를 하더라도 그저 "네"라고 대답해야만 하는 상황이 너무 힘드네요.

직장을 오래 다니려면 이런 상사에게 감정적으로 끌려다니거나 스트레스받지 않는 것이 중요하다는 생각은 드는데, 이런 마음을 어떻게 정리하고 또 다듬어야 할지 많이 혼란스럽습니다.

그냥 원래
그런 사람도 있습니다

요즘 인터넷을 보면 "라떼는 말이야"라는 말이 유행이라고 하
더라고요. 자신의 경험을 진리라고 믿고 또 그것을 아랫사람
들에게 강요하는 상사를 빗대어 주로 하는 농담이라는데, 은정
씨의 부장님에게도 이 말을 꼭 알려드리고 싶네요.

{ 처음부터 그랬던 사람 }

직장 안에서 권위를 가진 사람은 그 힘을 적절하게 사용할 때
조직에 긍정적 영향을 미칩니다. 일의 분명한 방향을 제시해
주고, 여러 사람에게 동기를 불어넣기도 하지요. 그런데 권위
를 부적절하게 행사하는 경우를 주위에서 어렵지 않게 볼 수
있습니다.

요즘 사회가 많이 바뀌었다고 해도 수직적이고 남성 상위적

인 직장 문화가 깊게 박힌 직장에서는 한 사람에게 큰 힘이 몰리기 쉽습니다. 게다가 상대에 대한 공감과 이해가 부족한 사람이 그 위치에 있다면 이것을 문제로 인식하기도 어려워요.

상사에게 받는 스트레스를 잘 관리하면 더할 나위 없이 좋지요. 그런데 자신이 문제라는 것을 받아들이지 못하는 사람이 상사라면 부하 직원으로서 이런 스트레스가 반복될 거예요. 바꾸기 힘든 상황이 변하리라고 기대하는 것은 오히려 기분만 우울하게 만들기 때문이지요.

누가 봐도 문제 있는 상사에게 부당한 대우를 받으면 쉽게 마음에 상처가 생깁니다. 한 번 받은 상처는 오래 남아 생각과 기분을 부정적으로 바꿉니다. 그래서 내 잘못이 아닌데 스스로 나무라고, 했던 일에 대한 후회가 나를 사로잡기도 하지요. 이렇게 나에게 남은 상처를 트라우마(trauma)라고 합니다.

트라우마는 외상 후 스트레스 장애(PTSD, posttraumatic stress disorder)의 진단이 필요할 만큼 심각한 것에서부터 일상적인 것까지 다양하게 나타납니다. 일상을 뒤흔들 만한 큰 사건 한 번만으로 생길 수 있고, 사소한 일이 누적되어 발생하기도 하지요. 트라우마는 부정적인 감정을 일으키고, 나와 세상에 대한 생각을 바꾸며, 행동에도 영향을 미칩니다. 이것은 의식의 통제를 벗어난 뇌의 자동적 작용이며, 한번 생겨난 트라우마로 마음의 상처는 오랜 기간 영향을 끼치기도 합니다.

트라우마의 기억과 그 영향은 때로는 너무 강력해서 의식에서 일부러 처리하지 못하고 넘어가기도 합니다. 그런 기억들은 뇌의 한쪽에 자리 잡아 한참이 지난 후에도 생생하게 작용하게 되지요. 트라우마를 경험하고 있다면, 지나간 일이 여전히 문제를 일으키고 있음을 분명히 알아야 합니다. 이때 기억을 없애려고 애쓰기보다 흔적으로 인해 영향받지 않으려고 힘쓰는 게 좋습니다. 또 혼자서 해내기 어려울 때는 주변 사람과 전문가의 도움을 요청하는 게 좋습니다.

〔처음에는 위로 먼저〕

칼에 손가락을 베었을 때 먼저 할 일은 칼을 찾아 치우는 것이 아니라 상처를 깨끗이 씻고 약을 바르는 것이지요. 마찬가지로 마음의 상처를 받았을 때 가장 먼저 할 일은 '상처받은 나를 위로하는 것'입니다. 상사의 말 하나하나에 귀를 기울여 내 문제가 무엇인가를 찾으려는 것은 내가 그만큼 상처를 받고 피해를 받았다는 증거입니다.

상사에게 이렇게 일방적으로 상처를 받은 자신을 위로하는 시간을 가져보는 것도 중요합니다. 나를 격려하는 말 한마디도 좋고 잘 공감해 줄 누군가에게 힘든 일을 털어놓아도 좋아요.

꼭 해결책을 얻지 못해도 괜찮습니다. 그저 누군가 나의 이야기를 들어주고 있음에 위로받을 수 있으니까요. 이런 위로의 시간은 상처로 생긴 아픔을 줄이는 동시에 대처할 힘을 길러줍니다.

〔거리 두기〕

은정 씨의 상처를 확인하고 아픔이 잦아들었다면 다시 상처받지 않기 위해 어떤 일을 할 수 있을지 생각해 봐야 해요. 가장 좋은 것은 물리적으로 거리를 두는 것이겠지요. 그 사람과 나 둘 중 한 명이 직장이나 부서를 떠나는 것인데, 현실적으로 이 방법은 쉽지 않아요. 상황을 바꿀 수 없다면 방법은 한 가지뿐이겠네요. 그에 대처하는 방법을 스스로 익히는 것입니다. 갑자기 내리는 소나기는 누구라도 멈추게 할 수 없어요. 우산을 쓰거나, 어디로든 피해야 하죠. 이처럼 우선은 상사의 '공격'을 피해야 합니다.

마음에 상처를 받으면 생각과 감정 모두 부정적으로 바뀔 수 있어요. 거리를 두고 노출을 줄임으로써 피해를 최소화할 수 있지요. 한 공간에서 거리를 두는 방법은 단순합니다. 회식이나 불필요한 회의 참석을 줄이는 거예요. 하지만 이때 주의해야 할 점이 있습니다. 이런 노력이 최대한 다른 사람의 눈에 띄지 않도록, 그리고 업무에서는 공백이 느껴지지 않도록 스스로 잘 조절해야 한다는 것입니다.

마음의 거리를 두는 것도 필요합니다. 직장과 상사가 나의 자존감에 부정적인 영향을 준다면 굳이 그곳에 자신의 에너지를 쓰지 마세요. 적극적으로 무관심함을 유지하는 데에만 신경을 써보세요. 나를 향하는 상사의 말과 표정, 행동 하나하나에 의미를 부여하기보다 그것이 나에게 어떤 상처를 줄지 생각하고, 관심을 두지 않고 피하는 것이지요.

어떤 생각이나 느낌은 무시하려 할수록 없어지지 않고 더 떠오르기 쉬워요. 흰옷에 검정 물감이 튀었을 때를 생각해 봅시다. 아무리 지우려고 해봐도 점점 더 퍼져갈 뿐이지요. 피하고 싶은 생각도 마찬가지입니다. 나쁜 생각은 마음속에 검은 얼룩을 남기고 맙니다. 그래서 처음에는 너무 나쁜 생각을 지우려고 하지 말고 그 생각이 나를 어떻게 지나가는지에 초점을 맞추고, 거기서부터 나를 보호하려고 해야 합니다.

〔생각의 틀 바꾸기〕

마음에 상처가 생기면 감정이 부정적으로 변하는 것과 동시에 생각이 원치 않은 방향으로 나아가기도 해요.

"대체 왜 그런 말을 했을까?"

"나에게 무슨 문제가 있어서 그럴까?"

"여자는 정말 그런 일을 해서는 안 되는 것일까?"

여러 부정적 생각이 그렇지 않아도 힘든 나를 더욱 괴롭힙니다. 업무에서의 사소한 실수처럼 지나간 일에 대한 자책과 왜 이런 자리에 와서 저 사람의 이야기를 들어야 했나, 이 직장에는 왜 들어왔을까 하는 선택의 후회까지 이어집니다.

갑자기 이런 공격을 받으면 화가 나거나 억울한 마음이 드는 것은 자연스러워요. 하지만 너무 충격이 크거나 상황이 허락하지 않으면 그런 감정도 있는 그대로 받아들이기 어렵지요. 그러다 보니 자꾸 머릿속에 떠오르는 생각을 따라가고 행동으로 옮기기도 합니다.

이런 생각은 큰 상처를 받았고, 알 수 없는 힘으로 조절당했다는 것을 의미할 뿐이지 생각이나 후회의 내용이 모두 사실을 뜻하는 것은 아니에요. 원인이 명확하지 않은 일을 굳이 나와 연관 지어 생각하거나 부정적 내용으로 단정할 필요는 없어요. 오히려 감정을 인정하고 스트레스를 더 적극적으로 관리하는 것이 이 힘든 직장 생활을 견디는 데 도움이 됩니다.

처음부터 그랬던 사람이 하는 말들에 큰 의미를 두지 않아야 합니다. 그 사람이 쏜 화살을 그대로 서서 맞아야 한다고 생각하지 마세요. 화살은 모양만 뾰족할 뿐이지 매우 쓸모없고, 방향도 잃어버린 그저 그런 화살일 뿐입니다.

☀ 세 가지 처방
—

1. 예상치 못한 공격을 받았을 때 가장 먼저 할 일은 상처받아 아파하는 나를 충분히 위로하는 것이다.

2. 상황을 바꿀 수 없다면 나에게 상처를 준 사람에게서 몸과 마음을 멀리하는 것이 가장 현명한 방법이다.

3. 내 잘못이 아닌데도 계속 자신을 탓한다면, 나에게 정말 문제가 있어서가 아니라 내가 그만큼 마음에 큰 상처를 받았다고 생각하자.

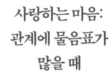

2장

사랑하는 마음:
관계에 물음표가
많을 때

자존감 낮은
은정 씨의 사랑

"어제 우리 만남에 대해 곰곰이 생각을 해봤어. 오빠 말대로 내가 잘못했던 부분이 많았어. 아까 그렇게 행동하면 안 되는 거였는데. 생각이 짧았던 것 같아. 오빠, 아직 생각할 시간이 더 필요한 거야? 그러면 기다릴게. 연락해, 꼭."

은정은 메시지를 수십 번 썼다 지웠다 반복했다. 삼 일 전 사소한 다툼을 이유로 남자 친구는 은정의 연락을 받지 않았다. '이번에도 차단이구나.' 이전에도 몇 번 있었던 일인지라 그리 놀라지도 않았다. 아마도 며칠이 지나면 그는 언제 싸웠냐는 듯 아무렇지도 않게 연락하겠지. 그럼 은정도 마치 아무 일 없었다는 듯, 그와 일상적인 대화를 나누고 데이트 약속을 잡을 것이다. 이런 만남은 근 일 년 동안이나 계속되어 왔지만, 그에게 제대로 된 화조차 낸 적이 없었다.

친구 소개로 만난 남자 친구는 은정보다 두 살이 많았다. 처음, 소개팅에서 그를 만났을 때 은정은 이전의 남자 친구와 헤어진 지 한 달이 채 되지 않아 무척이나 의기소침해져 있었다. 혼자만의 시간을 좀 더 가진 뒤 누군가를 만나야 하는 것이 맞겠지 하는 생각도 있기는 했다. 하지만 은정은 혼자 있는 시간이 너무나도 싫었고 견디기가 힘들었다. 연이은 징검다리 휴일에 혼자 집에 덩그러니 앉아 애꿎은 텔레비전 채널만 이리저리 돌리는 자신이 비참할 정도로 싫었다. 그렇지만 달리 할 수 있는 일도 없었다.

은정에게 언제나 가장 두려운 것은 '혼자'라는 사실이었다. 식당을 운영하는 부모님 때문에 유년기, 청소년기 대부분 시간을 혼자 보내야만 했기 때문이다. 그랬기에 스무 살이 되어 본격적으로 시작한 '연애'는 어두웠던 혼자만의 시간을 졸업하게 해준 유일한 탈출구였다. 곁에 누군가가 있는 것만으로도 공허한 마음이 채워지는 듯했다. 하지만 연애가 지속되는 시간은 바람과 달리 길지 않았고 사랑이 끝난 뒤 반복해 찾아오는 쓸쓸한 감정과 외로움을, 은정은 잘 견뎌내지 못했다.

다시 또 혼자가 된다는 그 아득함. 그렇다고 그간 사귀어왔던 모든 남자가 텅 빈 마음을 꽉 채워준 것은 아니었지만, 적어도 혼자 있는 시간을 오롯이 견디는 것보다는 분명 나았다. 아니 낫다고 생각했다.

연애는 판에 박힌 듯 비슷한 모양새였다. 연애 초반, 남자들의 적극적인 대시를 받으면 자연스럽게 잠자리로 이어졌고, 특별할 것 없는 데이트를 반복했다. 그 누구도 은정의 마음을 알아봐주지 않았다. 그들은 사랑을 나누기 위해, 자신들의 외로움을 채우기 위해 함부로 영원을 맹세했다. 결국 급하게도 달렸던 연애의 끝은 은정의 매달림과 그들의 뿌리침으로 끝을 맺곤 했다.

이 세상에 영원이란 없었다. 은정도 몇 번의 연애를 통해 아프게도 그 사실을 알게 되었다. 하지만 그렇게 한 번, 두 번의 연애가 끝날수록 은정은 자신이 그 가볍고도 연약한 영원함에 집착했는지도 모르겠다는 생각을 하곤 했다.

이젠 누군가를 진심으로 사랑하지 못할 거라는 불안감, 또다시 사랑하는 사람이 떠나버렸다는 상실감. 그리고 무엇보다 은정을 힘들게 했던 것은 한때 영원을 약속했던 사람의 입에서 '이별'이란 단어가 나오는 것이었다. 사랑이란 것은 늘 그렇게, 곁에 있어주지 않았다. 가장 가까웠던 그 사람을 영영 볼 수 없다는 현실이 은정을 더욱더 슬프게 했다.

그래서였을까. 세상이 무너진 듯 슬픔에만 젖어 있던 은정에게 다가왔던 새로운 사랑. 이별의 아픔이 채 사라지지 않은 상태에서 만난 남자에게 은정은 쉽게 빠져들고 말았다.

이전의 남자들과는 달리, 지금의 남자 친구는 은정과의 연애에 그리 적극적이지가 않았다. 적당하고 적당히. 마치 매사를 적당히 살기로 작정한 사람 같았다. 맛집에서 밥을 먹기 위해 한 시간의 기다림도 마다하지 않던 전 남자 친구 때문에 지친 적도 많았던 터였다. 하지만 지금 옆에 있는 그는 적당한 장소에서 밥을 먹고 언제나 적당한 시간에 은정을 바래다주는 데이트를 즐겼다. 한 번도 뜨겁게 사랑한다 말하지 않았고, 반대로도 은정에게 그것을 바라지도 않았다. 그래서 은정은 그를 만날 때면 마음이 편했다.

이 연애에서는 상대방을 위해 무언가 희생할 필요도, 내 것을 내어줄 필요도 없었다. 이렇게 연애가 편할 수도 있구나. 은정은 이제야 제대로 된 짝을 만난 것처럼 느껴졌다. 그와 첫 문제가 있기 전까지는, 적어도 그랬다.

그날, 은정은 장염으로 배가 아팠다. 오전 내내 화장실을 들락거렸지만 나아질 기미가 보이지를 않았다. 어떡하지? 오후에 오빠랑 영화 보기로 했는데. 오빠가 처음으로 엄청난 기대를 하며 기다리던 영화였는데. 어쩔 수 없이 은정은 메시지를 보냈다.

"오빠 있잖아, 나 장염에 걸린 것 같아. 오전 내내 화장실에 들락거렸는데 좀처럼 낫질 않아. 오늘은 도저히 영화를 못 볼 거 같은데 어쩌지?"

"그래? 음. 난 벌써 출발했는데. 그럼 나 혼자라도 봐야겠네. 약은 먹은 거야?"

"응. 예전에 사다 둔 약이 있어서 먹고 좀 기다려보는 중이야. 그럼 혼자라도 볼래? 오빠가 기다리던 영화였는데 아쉽다. 내 몫까지 재미있게 보고 가."

"그래, 알았어. 그럼 잘 쉬어."

"어. 고마워."

하지만 그 문자를 끝으로 그는 삼 일 동안 연락이 없었다.

"오빠, 나 많이 좋아졌어. 근데 왜 이렇게 연락이 안 돼?"

"오빠, 내가 뭐 잘못한 거 있어? 왜 계속 연락이 안 돼? 영화 같이 못 봐서 그런 거야?"

"오빠, 어디 아픈 건 아니지? 우리 연락 안 한 지 삼 일째야."

속을 까맣게 다 태워버린 시간이 지난 뒤, 소개팅을 주선했던 친구에게서 뜻밖의 연락이 왔다.

"너 오빠랑 영화 보러 가기로 해놓고 일방적으로 펑크 냈다며? 미안하다는 말 한마디 없이. 오빠가 너한테 실망 많이 했다고 그러더라. 미안하다고 말하지 그랬어."

"오빠가 너한테 그렇게 말했어?"

"괜히 오빠한테 이상한 소리 하지 마. 오빠가 그냥 넘어간다고 괜찮다고 그러더라. 근데 너 다음부턴 그러지 마라. 그 오빠 엄청 착하니까 그렇지 다른 남자들 같음 너 차였어."

은정은 자신의 기억력을 의심했다. 아프다는 이야기를 안 했던가? 혹시 내가 배탈이 났다는 걸 깜박했나? 아니면 그 영화가 그렇게 같이 보고 싶었던 걸까? 이런저런 생각을 하는 사이 그에게서 전화가 왔다. 아무 일 없다는 듯 평온한 목소리였다. 은정은 이것저것 따져 물을 새도 없이 멍하니 그의 말을 들을 수밖에 없었다.

하지만 시간이 지나자, 이런 일은 그와의 연애에서 아주 일상적이게 되었다. 서로의 다른 성격, 오해, 어쩔 수 없는 일 등으로 벌어지는 사소한 다툼에도 그는 항상 그 자리를 피하고 며칠 동안이나 잠수를 탔다. 심지어 은정을 제외한 모든 이의 연락을 꼬박꼬박 받았고, 은정과의 사이에서 일어난 다툼을 본인에게 유리한 방향으로 해석해 '좋은 남자'라는 이미지를 확고히 지켰다.

그뿐만이 아니었다. 그렇게 잠수를 탈 때는 늘 은정의 연락을 차단했다. 지금은 아무 말도 하고 싶지 않다는 태도에 은정은 무시당하는 느낌이 들었고 자존심도 상했다. 하지만 아무 말도 할 수 없었다. 이런 불편한 상황은 며칠만 지나면 사라질 테고 그 역시 예전처럼 다시 돌아올 것이 분명했기 때문이다.

은정이 이별을 떠올리지 않았던 건 아니다. 하지만 또다시 혼자가 되는 것이 두려웠다. 또 그가 자신을 회피한 이유를 듣고 있자니 그의 말이 모두 맞는 것 같기도 했다. 그래서 그가 비겁한 묵언의 분노를 표출하는 동안 은정은 조용히 존재하지도 않는 잘못을 만들어내 반성했다.

'내가 잘못해서 그럴 거야. 이번에도 나의 잘못이 맞을 거야. 예전에 나를 떠났던 사람들도 모두 나 때문이었지. 이번에도 나를 떠나게 둘 수는 없어. 이 시간만 견디면 또 괜찮아지겠지. 오빠는 나를 사랑해. 나를 사랑하니까 저렇게 화도 내지 못하고 연락도 하지 못하는 거야.'

은정도 점점 남자 친구의 상황 회피에 익숙해져 갔다. 심지어 그의 잠적이 편할 때도 있었다. 굳이 서로의 다른 점을 구구절절 설명하고 이해시키지 않아도 된다는 편안함이었다. 또 싸움이 반복되는 그 시간 동안 감정의 동요에서 벗어날 수 있다는 '이 관계의 장점'을 찾기 시작했다. 그래, 이런 것도 괜찮아. 은정은 어느덧 스스로 위로하고 있었다.

그런데 이번에는 달랐다. 이번 잠수는 도무지 쉽게 끝나지 않고 있었다. 은정은 자신이 무엇을 잘못했는지도 깨닫지 못한 채 미안하다는 메시지를 반복해서 보냈다.

아무리 생각해도 혼자 남겨질 자신이 없었다. 그를 떠나보내기 싫다는 마음보다는 혼자가 된다는 사실이 은정을 더욱 괴롭혔다. 그가 떠난 뒤 가슴 한구석에 또다시 생길 이별이라는 그 구멍을, 그 커다란 빈 곳을 감당할 자신이 남아 있지가 않았다. 가슴이 또 미친 듯이 쿵쾅거렸다. 이러다가 심장이 곧 터져버릴 것만 같았다.

은정은 차라리 심장이 아파 쓰러졌으면 좋겠다고 생각했다. 만약 자신이 심각하게 아프기라도 한다면 그가 미안한 마음에 조금 더 빨리 돌아오지 않을까라는 기대 때문이었다.

☔ 은정 씨의 고민

> 지금 사귀는 남자 친구는 걸핏하면 연락을 끊고 잠수를 탑니다. 다툼이 있었던 상황도 자기만의 이기적인 해석으로 마치 제가 모두 잘못한 것처럼 만들어버리기도 해요.
> 이런 남자 친구와 헤어져야 한다는 것을 머릿속으로는 알고 있지만 막상 결단을 내리기가 힘들어요. 어려서부터 맞벌이로 바쁘게 살았던 부모님 밑에서 혼자 외롭게 성장했습니다. 그 때문인지 성인이 된 이후에 만났던 남자 친구들과의 이별

도 유난히 힘들었어요. 혼자 남겨졌다는 외로움과 아픔을 견
디기 힘듭니다. 그래서 지금도 남자 친구와 끝내고는 싶지만,
막상 혼자 감당해야 할 외로움이 너무나도 두려워요.

마음
처방

지금의 상처받은
나를 돌봐주세요

우리는 사람들 속에 어울려 살고 있어요. 그래서 다른 사람을 의지하고, 누군가에게 도움받는 것은 자연스러운 동시에 꼭 필요한 일이기도 합니다. 사람 사이의 관계에서 얻는 만족감과 행복은 다른 여느 것들과 비교하기 어려울 정도로 큽니다. 그 때문에 아무리 합당한 이유가 있더라도 친밀했던 누군가가, 게다가 한 시절 가장 사랑했던 사람이 나와 거리를 둔다는 것은 정말로 가슴 아픈 일이에요.

그래서 많은 사람이 이별을 겪으면서 마치 몸의 한 부분이 떨어져 나가는 것과 같은 고통을 느끼기도 한답니다. 은정 씨가 유난한 게 아니에요. 고통만큼 남자 친구를 많이 의지하고 믿은 것뿐이에요.

〔헤어짐은 신체가 느끼는 고통〕

신뢰하는 관계에 있는 사람과 멀어지면서 겪는 아픔은요, 다른 사람들과 감정을 공유하고 어울려 잘 살아가기 위해 필요한 기능이 은정 씨에게 있다는 증거가 되기도 해요. 인간의 뇌에는 다른 사람에 대한 정보를 담는 뇌신경이 있습니다.

뇌신경은 자신이 사랑하고 신뢰하는 사람에게서 정서적 만족을 얻고 행복을 느끼도록 합니다. 우리가 사람을 만나 사랑할 때 함께 있지 않아도 충만한 감정을 느끼잖아요? 그 사람을 떠올리는 것만으로도 기쁜 거죠. 이런 것들이 모두 뇌신경 때문입니다.

그런데 사랑하는 사람과 갑자기 멀어지거나 이별을 경험하면 뇌신경의 기능이 갑자기 멈춥니다. 좋은 느낌을 주어야 할 신경이 역할을 제대로 할 수 없으니 외롭고, 허전하고, 아프고, 슬픕니다. 살을 도려내는 것 같은 통증은 정말로 존재하는 것이지요.

사람은 이렇게 다른 사람과 지내는 데 특화된 뇌신경을 가지고 있어서, 이런 종류의 아픔은 대부분 사람이 경험할 수 있지요. 즉, 은정 씨가 느끼는 그 감정은 당연한 뇌의 반응이라는 것입니다.

{ 지금의 고통이 전부가 아니다 }

책장을 넘기다 손가락을 베어본 경험이 있지요? 피도 나고 아픔이 오래가지만, 이전에 상처가 아물었던 경험이 있어서 다시 책장을 넘길 수 있어요. 만일 은정 씨가 책을 넘길 때마다 상처가 나고, 상처가 나을 만할 때 또 손을 베인다면 아마 다음부터는 책장 넘기기도 어렵고, 급기야 손을 쓸 수 없을지도 모릅니다. 헤어짐의 고통을 손가락 베이는 것에 비교할 수 없겠지만 몸에서 일어나는 일이기에 과정은 비슷하게 설명할 수 있지요.

우리는 다른 사람에게 행복을 얻기도 하지만 때로는 상처를 받기도 해요. 성인 때 받은 상처는 대부분 회복되지만, 어릴 때는 조금 달라요. 이 시기에 다른 사람에게 받은 상처는 부모님이나 친밀한 누군가의 보살핌을 통해 회복할 수 있습니다. 아직 어리고 여러 가지로 미숙해 그 고통을 혼자 감당하기 어렵기 때문이지요.

은정 씨가 성인이 되어 이별을 맞이했지만 이렇게나 힘든 이유를 어릴 때 사람들에게 상처를 받았던 경험에서 찾아볼 수 있을 거 같아요. 그러니 상처로 생긴 마음을 이겨내지 못했던 것은 은정 씨 잘못이 아니에요. 부모님을 탓하려는 것은 아니지만, 생계를 위해 바쁘게 지내다 보니 은정 씨가 겪었던 외로움, 고통, 슬픔과 같은 부정적 감정과 생각을 안타깝게도 충분히 회복시켜 주지 못했던 것으로 보입니다. 그래서 은정 씨는 회복받지 못한 감정을 나름대로 참고 지내는 방법을 습득한 것뿐이에요.

지금 은정 씨가 겪는 헤어짐의 아픔은 어릴 때 제대로 해결하지 못한 상처들이 남아 있기 때문일 거예요. 상처가 제대로 낫지 않아 비슷한 경험을 할 때마다 남들보다 더 힘들고, 효과적이지 못한 방법으로 눈앞의 어려움을 넘기는 일을 반복했던 것이죠. 은정 씨, 오랜 기간 많이 힘들고 괴로웠을 것 같은데 어떻게 그 시간을 혼자서 지내왔나요?

{ '인격'을 생각합니다 }

누군가와 멀어지거나 헤어질 때 나의 명백한 잘못이 아닌데도 원인이 나에게 있다고 생각하거나 지나치게 지난 일에 대해 후회를 반복한다면, 그 시작이 어디에서 온 것인지를 곱씹어보면 좋겠어요.

인격은 한 사람의 생각, 행동, 감정으로 형성됩니다. 그리고 자신과 다른 사람을 이해하고 대하는 방식을 결정하며, 삶의 가치를 추구하게 하지요. 모든 사람의 인격은 저마다의 특징을 지니고 있어요. 삶의 다양한 사건, 상황에서 인격은 만족감을 주는 동시에 자존감을 지켜주는 역할을 하기도 합니다. 특히 다른 사람과의 관계를 안정적으로 유지하게 하고 만족감을 얻게 하는 데 중요한 역할을 해요.

사람은 다른 사람과 끊임없는 상호작용을 통해 관계를 유지하게 됩니다. 즉, 내가 상대를 대하는 방식이 관계에 큰 영향을 끼치는 것이지요. 내가 누구이며, 스트레스를 얼마큼 잘 조절하고 대처하는지, 감정과 충동을 조절하는 능력이 있는지, 이런 것들이 조화를 이루어 삶의 만족을 느끼는지가 대인관계에도 큰 영향을 끼칩니다. 불안정한 관계에서 다른 사람을 내가 원하는 대로 변화시킬 수는 없습니다.

반면 나의 인격적 측면을 돌아보는 것은 스스로 할 수 있으며 관계 개선에도 큰 도움이 됩니다. 나 혹은 타인의 인격이 좋다 나쁘다를 단정 지어 생각하라는 것이 아니라 '우리'의 인격이 잘 어우러지는지 생각해 보는 겁니다.

〔 과거형 감정 〕

만남의 처음으로 돌아가 볼게요. 처음 남자 친구를 의지했던 때로요. 은정 씨가 남자 친구에게 받았던 편안함은 사실 부모님에게 받지 못했던 안도감, 따뜻함 등이 큰 부분을 차지한 것 같아요. 아주 오랫동안 부모님에게 바라던 감정이기에 쉽게 다른 것으로 그 허전함을 채우기는 쉽지 않습니다. 연인에게 받는 소속감, 안도감은 잠시일 뿐 오래된 공백을 대체하기 어렵기 때문이죠.

마음에 상처가 생긴 어린아이를 대할 때 부모는 어떻게 해야 할까요? 어떤 감정을 경험하든 괜찮다고 알려주고, 나쁜 생각과 현실을 구분해서 지금 안전하다는 것을 일깨워 줘야 합니다. 성인이 된 이후라면 위 방법을 자신에게 적용해 상처받고 아픈 마음을 위로해야 합니다. 헤어짐의 아픔은 과거에서 시작했지만 더 이상 되풀이하지 않기 위해 은정 씨는 지금이라도 자신의 상처를 돌아봐야 해요. 그 시작은 지금 내가 어떤 감정 상태인지를 있는 그대로 바라보는 것입니다.

불편한 감정이 무섭고, 불쾌하고, 나를 짓누르는 느낌이 들겠지만 그럴 때일수록 현재의 나를 그대로 바라보세요. 그리고 주위를 둘러보세요. 지금 은정 씨에게는 도움을 줄 친구들이 있고, 감정적으로는 흔들리지만 사회에서 번듯한 사람으로 생활하고 있습니다. 한마디로 은정 씨는 가진 것이 참 많은 사람이라는 뜻이에요. 지금의 부정적 감정이 이렇게나 훌륭한 자신의 모습을 해치지 않으며, 감정의 소용돌이 또한 그리 오래가지 않음을 기억하세요.

설사 그러한 감정이 다른 사람들보다 더 오래가고 힘이 들더라도 은정 씨 잘못이 아닙니다. 어떤 사람은 슬픈 영화를 보고 눈물을 흘리기도 하지만 어떤 사람은 그냥 슬프구나 하고 지나치기도 해요. 은정 씨는 그저 다른 사람보다 눈물을 좀 더 많이, 또 오래 흘리는 사람일 뿐이에요.

이렇게 생각해 볼 수도 있습니다. 은정 씨는 지금 어릴 때의 감정을 다시 경험하는 것이라고요. 그 진솔한 마음을 나에게 잘 설명한 뒤 어린 내가 겪었을 외로움과 쓸쓸함, 그것을 잘 극복한 자신에게 칭찬도 해주세요. 혼란스러운 감정과 기억을 정리하는 데는 많은 시간과 노력이 필요해요. 혼자 해내기 어렵다면 믿을 수 있는 누군가나 전문가의 도움을 받는 것도 좋아요. 중요한 것은 그런 행동을 하는 것도 은정 씨라는 것을 항상 기억하면 좋겠습니다.

[능동적으로 기다리기]

상처가 났을 때 몸과 마음은 회복하는 능력을 갖추고 있어요. 도움이 되지 않는 방법으로 해결하려 하거나 마냥 나아지길 기다리는 것보다 적극적이고 능동적으로 상처가 아물도록 하는 것이 훨씬 현명한 방법입니다.

이때 필요한 것은 '혼자 지내는 시간'입니다. 은정 씨가 가장 두려워한다는 걸 알아요. 하지만 혼자 보내는 시간은 상처가 아무는 데 꼭 필요한 과정이랍니다. 나는 아무것도 할 수 없음을 뜻하는 게 아니라 스스로 삶의 방향을 바라보며 기다리는 의미 있는 과정임을 반복해서 떠올리며 버텨야 해요.

은정 씨는 그런 경험이 적으니 혼자 지내는 시간을 가질 자신도 없고, 분명 힘들 것이라고 짐작할 거예요. 맞아요. 쉽지 않은 일이에요. 만약 열심히 애를 써보아도 의지만으로 버티기 어려울 때는 주변 도움도 받아야 합니다.

직장에 다니고 있다면 평소와 비슷한 수준의 일을 지속하세요. 평소보다 집중력과 체력이 떨어져 힘이 든다면 무리하지 않는 것도 좋아요. 불필요하다는 생각이 들더라도 사람들과 약속을 잡고, 적당한 쇼핑이나 취미 활동을 지속하는 것도 좋습니다. 성급하게 이성을 만나거나 자신과 남에게 피해를 주지 않는 행동이라면 어떤 것이든 괜찮아요.

너무너무 슬퍼서, 외로워서 하루도 못 버틸 것 같겠지만 하루를 버티고 나면 그 하루가 모여 일주일을 이룰 테고, 그렇게 한 달이 흐를 거예요. 이쯤 되면 은정 씨 스스로도 잘 버텼다, 대견하다는 생각을 할 겁니다. 무작정 '나는 도저히 버틸 수 없을 거 같아'라는 생각은 근거가 없는 두려움을 만들어내는 허상이에요. 어두운 집 안에서 홀로 외롭게 지냈던 어린 은정이를 이제 성인 은정이가 돌봐주세요. 은정 씨에게는 이제 그럴 능력이 충분히 있답니다.

☼ 세 가지 처방
—

1. 헤어짐은 고통스러운 상처를 만들지만, 그 상처는 분명
   나으니 자신을 믿고 기다려보자.

2. '혼자 지내는 시간'은 스스로 내 삶의 방향을 바라보며 기
   다리는 의미 있는 과정이다.

3. 힘없고 약한 어린 시절 상처받은 나를 돌아보고 위로해
   주는 것만으로도 지금의 나에게 집중하는 데 도움 된다.

우리들의 권태기

{ }

은정아, 나 이제 정말로 헤어진 거 같아. 정말.

작년에 결혼 문제로 그 자식이 먼저 헤어지자고 그래서 내가 붙잡았던 거 너도 알지? 자존심이고 뭐고 다 내려놓고 얼마나 많이 매달렸었는데. 결국 다시 만나 잘해보기로 하고 나서 다시는 내 손 놓지 않겠다고 걔도 말했었고.

처음 만났을 때 생각난다. 맞아. 그때 딱 한 달, 나를 자기 여자로 만들고 싶었다면서 엄청나게 잘해줬지. 내가 파우치에서 핸드크림 탈탈 털어 짜 쓰는 거 보고서는, 애프터 신청하고 만났던 날 핸드크림 사다 줘서 마음을 흔들었다. 그게 참 별거 아닌데 감동적이더라고. 그뿐이니? 술집으로 2차 가서 긴 머리카락을 손으로 잡고 술 마셨더니 그다음 날에 머리끈을 한 통이나 사 와서 내 마음에 쐐기를 박아버렸잖아.

너도 내가 말했던 거 기억하지? 그날 너한테 전화해서 진짜 좋은 사람 만난 거 같다고 자랑했었잖아. 그래. 남자들 잘해주는 거 다 시간 지나면 아이스크림처럼 녹아 없어진다는 거 나도 알아. 하지만 적어도 이 년을 만났으면, 그렇게 사소한 거 기억해서 감동 주는 법을 알면 적어도 평소에 내가 뭘 좋아하는지, 자기의 어떤 점을 싫어하는지 정도는 알 거 아니야. 아니, 아는 척이라도 했어야지. 처음에 그랬던 거처럼.

잠깐만 은정아, 나 속이 너무 답답해서 맥주 하나 냉장고에서 꺼내 마셔야겠다.

아, 그때 눈치챘어야 했는데. 만난 지 한 달이 지나서 펜션 잡아 놀러 간 적이 있었거든. 응, 그래 맞아. 내가 너한테 블루투스 스피커 빌려서 갔었잖아. 그날 펜션 가서 처음으로 밤을 보내는데 나한테 남자 몇 명이나 만나봤냐고 물어보더라. 살짝 당황해서 그러는 너는 몇 명이나 만나봤냐고 물었더니 자기한테는 여자를 만났던 횟수가 중요한 게 아니라고, 결혼하고 싶은 여자는 내가 처음이라고 했거든. 그땐 솔직히 결혼 생각도 없었고 우리가 이렇게 오래 만날 줄 몰랐으니까 그냥 뭐 나를 정말 좋아하나 보다 정도만 생각했지.

사귀고 얼마 지났을 때였나, 내가 우리 펜션 갔던 밤에 네가 나랑 결혼하고 싶다는 말을 했었다니까 화들짝 놀라면서 자기가 언제 그랬냐는 거야. 나쁜 새끼. 순간 그거 본인 입으로 다 실토한 거 아니야? 그 말이 순간적인 감정에 의한 거짓말이었단 거.

사실 사귀면서는 걔 조금 쪼잔한 거 빼고는 단점은 별로 없었어. 네 말대로 내가 더 많이 좋아했으니까. 그놈이 나를 좋아했던 거보다, 내가 그놈을 더 많이 좋아한 건 분명하니까. 그래서 돈도 많이 썼지. 솔직히 연봉도 내가 좀 더 많고 오래 만나면서 집안 사정도 다 아는데 걔한테 뭐 얻어먹고 선물 받고 그럴 수도 없었고. 자기 불행했던 가정사 말하면서 운 적도 있는데 내가 어떻게 그러니? 맞아, 나는 진심으로 그 애 걱정 많이 했어.

네 말대로 내가 호구다, 호구. 이렇게 되고 돌이켜 생각해 보니 걔한테는 그게 항상 당연했던 거 같아. 내가 좀 더 많이 버니까, 우리 집 형편이 좀 더 좋으니까 내가 해주는 건 어느 순간부터는 그냥 자연스럽고 당연하게 느껴졌을 수도 있겠더라고. 그리고 본인도 알고 있었거든. 내가 자기를 많이 좋아한다는 걸.

하지만 그렇다고 우리가 항상 싸우고 사이가 안 좋았던 건 아니잖아. 같이 자전거 라이딩도 하고 영화 보는 것도 좋아해서 새로 개봉하는 영화는 항상 같이 봤었고. 지금 내가 다니는 회사 이직할 때도 걔가 아는 거래처 부장이 우리 회사 사장하고 친구라 좋은 기회에 옮길 수 있었던 거고. 솔직히 걔 덕을 본 것도 많아. 그건 부정하지 않을 거야. 사귀는 동안 나한테 자기가 할 수 있는 최선은 다했다는 거, 그건 나도 알아. 하지만 그 최선의 한계가 너무 낮았다는 거. 그게 문제지.

어느 날인가 어머님이 날 만나고 싶어 하신다더라. 너도 알겠지만 좀 그렇잖아. 나한텐 부담스러울 수 있는 문제고. 아무 언질 없다가 갑자기 그렇게 말하니까 나도 예민하게 굴었지. 결국 그날 다퉜어.

다행히 얼마 안 가 화해하고 바로 어머님을 만났었잖아. 어머님도 나를 마음에 든 눈치더라? 그러고 나서는 걔가 자기 얘기도 전보다 자주 하고 나도 뭔가 우리 사이가 예전보다 더 친밀해진 느낌이었고. 우리 부모님한테는 언제 인사시켜 줄 거냐고 묻기도 했었거든. 근데 걔가 직장 하나 있을 뿐이지 현실적으로 결혼할 여건이 전혀 되지 않았어. 우리 아빠 깐깐한 성격 뻔히 알면서 바로 소개한다는 게 솔직히 자신이 없더라.

아마도 그 무렵이었던 거 같아. 사이가 벌어진 거 말이야. 타이밍이 안 맞았다고 해야 하나? 만남 초반에는 내가 결혼에 대한 생각이 아예 없었고, 좀 지나서 결혼 생각이 들었을 땐 그 아이가 결혼 생각이 없었고. 막상 걔가 결혼 생각을 했을 땐 난 현실이 보이더라. 결국 그렇게 엇갈리다가 우리 사이에 틈이 생겨버린 것 같아.

맞다! 같이 강릉으로 여행 갔을 때, 그때 나 진짜 행복했었다? 시장에서 파는 호떡이 뜨거운 줄도 모르고 한입 크게 베어 먹고는 입천장 다 까졌다고 깔깔 웃던 그 애 얼굴이 생각나. 밤바다 걸으면서 바람 차다고 내 어깨 따뜻하게 잡아주던 두툼한 손이 생각이 나서 정말 죽을 지경이라고.

도무지 놓지 못하겠어. 우리한테 그 두 해라는 시간이 있었는데, 그 많은 추억이 있는데도 걔는 그게 아무것도 아닌 것처럼 갖다 버릴 수 있다는 게 믿어지지가 않아. 그놈한텐 내가 그저 흘러가는 시간이었다는 게, 우리 연애가 오래도록 내리다 어느 순간에 갑자기 끝나버린 장마라는 게. 그게 너무나 힘들어 은정아.

그 애가 회사 앞에 찾아와서 그러더라. 내 말대로 헤어지자고. 우리가 계속 만나는 거 자체가 고통이라고. 그래서 물었어. 내가 헤어지자고 할 때까지 기다린 거였냐고, 어떻게 너는 냉큼 기다렸다는 듯이 그렇게 말하느냐고. 그랬더니 우리가 헤어진다고 해서 나를 사랑했던 것까지 거짓은 아니라고 하더라. 지금은 힘든 마음이 사랑을 더 앞질러 버렸대. 이제는 편해지고 싶대.

그날 이후로 일주일이 지났어. 연락이 왔더라고. 잘 지내느냐고. 자긴 별로 잘 지내지 못한대. 내 마음이 너무 아프더라. 결국 걔 좋아하는 과일이랑 이것저것 사서 집으로 갔는데 안에 없더라고. 나도 너무 힘이 빠지고 이게 뭐하는 건가 싶어서 연락 안 하고 기다리다가 밤 열한 시인가 그냥 돌아오려는데 술에 취해서 그제야 들어오더라.

내가 자기 집에 와 있는데 걔는 놀라지도 않고 "왔어?" 그러더니 곧장 침대에 누워서 자는 거야. 근데 그 순간 우리 미래가 보이는 것 같았어. 결혼 후에도, 난 그렇게 계속 기다릴 것 같은 생각이 들더라. 그래서 결심했지. 다시는 연락하지도 만나지도 말자고. 이젠 정말 끝내자고.

은정아, 난 그런데도 도저히 이 관계를 버릴 수가 없을 거 같아, 도저히. 어떻게 잊어야 할까. 내가 그 애한테 더 잘해줬더라면 결말이 다르지 않았을까 하는 생각이 자꾸만 들어. 그러면서 동시에 난 그 애한테 아무것도 아니었나 하는 허무한 마음도. 아, 모르겠어. 나 어떻게 해야 하는 거니?

☁ 은정 씨의 고민

남자 친구와 오랜 기간 연애를 했고 그만큼 많은 추억이 쌓인 관계입니다. 서로 결혼 이야기가 오갈 만큼 깊이 사랑했다고 생각했는데 막상 결혼에 대한 두려움과 현실적인 고민을 극복하지 못했어요.

결국 헤어지기로 결단을 내렸습니다. 하지만 마음이 쉽게 정리되지 않아요. 자꾸 미련이 남고 혼란스러워요. 오랫동안 날 사랑했던 그가 이렇게 변해버린 게 마치 제 잘못인 것만 같아 괴롭습니다.

완벽한
관계는 없다

오랜 기간 함께하며 깊은 감정을 주고받던 연인에게 큰 상처를 받으면 누군가에게 털어놓기도 쉽지 않습니다. 마치 나의 허물을 남에게 보이는 것 같은 기분도 들고요. 이미 상대를 나의 한 부분처럼 느껴왔기 때문이지요.

그래서 지금은 연인 사이의 잘잘못을 가려 어떤 행동을 할지 정하기보다 힘들고, 속상하고, 화가 났던 일에 대한 마음을 솔직하게 털어놓는 일부터 시작하는 게 좋아요. 가족이나 친구, 동료 등 주변의 믿을 만한 사람이면 누구든 괜찮습니다. 친한 친구에게 전화해 하소연하는 것도 나 자신을 치유하기 위한 하나의 방법이죠. 이유가 어찌 되었든 가까운 사람과 불안정한 관계에 있는데 마음이 편할 수 없잖아요.

하지만 지금의 마음 상태에서는 안 좋은 생각으로 치우칠 수밖에 없습니다. 현재의 내 마음이 괴로운데 어찌 좋았던 추억이 떠오르겠어요? 상처 주었던 말과 행동이 주로 생각나지요. 그것도 모자라 당시의 상황과 세세한 기분까지 떠오르며 마치 그때로 돌아간 듯한 착각이 들기도 합니다.

과거의 일을 이야기하는 게 생각보다 괴로울 수 있지만 그래도 믿을 만한 친구나 가족에게 털어놓으세요. 이때 주의해야할 점이 있습니다. 바로 당시 내가 느꼈던 기분, 그리고 지금의 감정에 집중해서 말해야 한다는 것이지요.

[우리의 애착 관계]
서로 신뢰하는 관계가 어떤 이유로든 흔들리면 남자, 여자 할 것 없이 불안해지기 쉬워요. 하지만 우리는 크고 작은 일로 연인과 다투었던 경험에 대해 불안보다는 화가 났다고 기억할 확률이 큽니다. 불안이라는 감정을 직접 바라보고 다루기가 쉽지 않기 때문이지요.

내가 좀 더 관계를 중요하게 여기는 편이라면, 가볍게 다투거나 의견 차이를 보일 때도 관계가 위협받는다고 생각하기 쉬워요. 그러면 더 불안해지고 '아, 지금의 경험이 내게 더 큰 상처로 다가올 수 있구나'라고 직감하게 되지요.

사람은 누구나 불안하거나 우울해지면 사랑하고 믿는 사람에게 의지하고 싶은 욕구가 강해집니다. 그 사람과 멀어지면 그리워하게 되고 다시 만나면 힘을 얻고 어려움을 극복하게 되죠. 이렇게 가까운 사람에게 강한 감정적 유대를 형성하는 것을 애착(attachment)이라 하고, 이런 나와 친밀하게 결합해 안정감을 주는 관계를 '애착 관계'라고 합니다.

어린 시절 부모와의 사이에서 주로 형성되는 애착 관계는 강하게 형성될수록 오히려 그 사람과 떨어져 생활할 수 있는 독립심을 갖게 해요. 어릴 때 중요한 사람과 안정적 애착 관계를 형성하지 못했다면 성인이 된 이후에 만나는 사람과도 불안정한 애착 관계를 반복하기 쉽죠.

안정된 애착 관계에서의 안전함과 확신을 경험하지 못하면, 내 불편감이나 욕구를 누군가에게 솔직하게 이야기하기 어려워집니다. 자신이 원하는 것을 제대로 요청하기보다는 상대를 비난하거나, 반대로 모든 일이 자신의 잘못 때문이라는 생각을 하기 쉬워요.

그렇다고 이미 생겨난 애착 형태에 좌절할 필요는 없습니다. 성인이 된 이후라도 안정적 관계를 형성하면 애착 형태는 바뀌기 때문이지요. 연인이나 부부는 물론 주변의 누구와도 애착을 형성할 수 있어요. 설사 과거형 애착이 불안전하더라도 지금부터 안정된 애착 관계를 만들어 과거 경험을 줄인다면, 다른 사람과의 관계는 더욱 안정화됩니다.

〔 감정에 솔직해지기 〕

가까운 사람과의 관계에서 생긴 아픈 상처를 아무렇지 않은 것처럼 잘 견디는 사람이 과연 얼마나 될까요? 사람마다 상처에 대한 반응은 제각기 다르지만, 보통 우리는 상처를 준 상대에게 항의합니다. 그래서 상대를 나쁜 사람으로 만들고, 저 사람만 잘하면 괜찮을 거라며 상대를 비난하지요. 연인이나 부부, 가까운 친구 사이에서 다툴 때 흔히 나타나는 모습입니다. 이럴 때 너무 잘잘못에만 초점을 맞추면 관계는 더욱 멀어질 뿐만 아니라, 상대에게 받은 상처와 불안한 마음을 제대로 어루만지지 못해요.

지금 은정 씨는 또 다른 친구 은정 씨에게 전화를 걸어 연인에 대한 불만을 참 많이 이야기했지요. 관계를 유지한다고 자신의 기분을 잘 살피지 않았기에 감정이 제대로 해소되지 못한 거예요. 지금이라도 그때 기분과 어떻게 하고 싶었는지 원 없이 이야기해야 합니다.

때로는 아픔에 관해 말하는 것도, 그 아픔을 듣는 것도 힘이 들지만 공감하고 위로하다 보면 불쾌한 감정은 줄어들 거예요.

{ 완벽한 관계는 없다 }

현재 연인과의 관계가 흔들릴 때마다 마음이 고통스럽고 힘들다면, 아이러니하게도 그만큼 상대를 소중하게 여기고 있다는 뜻이기도 해요. 내가 이렇게나 연인을 사랑하고, 아끼고, 배려하는데 관계에 문제가 있다고 생각하면 얼마나 불안하고 괴롭겠어요. 그래도 한 가지 알아야 할 것이 있습니다. 다른 것도 그렇지만 특히 사람과의 관계에서 완벽한 것은 없다는 사실을요.

완벽한 관계란 대체 무엇일까요? 핑크빛처럼 낭만적이고 따뜻한 감정만을 관계의 바탕으로 여긴다면 어떤 관계에서도 충분한 만족감을 경험하기 어렵습니다. 그 감정이 옳지 않다는 뜻이 아니에요. 좋은 감정을 오래 지속하려면은 꾸준한 노력이 필요한데, 어떠한 순간에도 흔들림 없이 같은 노력을 유지하는 게 현실적으로 힘들기 때문입니다.

또 사람마다 관계를 바라보고 대하는 태도와 관계를 유지하는 속도 역시 제각기 다릅니다. 서로 다른 환경에서 몇십 년을 살아온 두 사람인데 당연히 다르지요. 같다면 오히려 부자연스러운 일일 겁니다.

따라서 서로 맞추고 조율하면서 만족할 수준을 유지하려고 노력하는 일만이 안정된 관계를 이루는 바탕이라고 할 수 있겠지요. 물론 그 과정에서 서로 만족감을 느낄 테고요. 이때 혼자 잘하려고 너무 애쓰지 않아도 괜찮습니다. 여러 번 말했듯이 관계란 두 사람이 함께 만들어나가는 일이잖아요.

완벽한 관계를 만들겠다고 자신을 곤란에 빠뜨리지 마세요. 그래야 관계가 흔들리더라도 심하게 자책하거나 후회하면서 불필요한 에너지 쓰는 일을 줄일 수 있어요.

〔관계는 삶의 일부〕

사랑하는 사람과의 관계에서 얻는 기쁨과 만족감, 행복은 무엇과도 바꿀 수 없을 만큼 '좋은 것들'입니다. 사랑이 오래 지속되다 보면 마침내 연인이나 배우자는 뇌의 주요한 신경회로 일부로 자리 잡습니다.

뇌에는 나의 자존감에 큰 영향을 주며, 나의 안전에 상호작용 할 사람에 대해 인식하는 장치가 마련되어 있어요. 이 장치는 상대와 상호작용 할수록 그 사람을 반영하는 생각과 패턴으로 가득 차게 되지요. 이 기능의 대부분은 자연스럽게 작동하기 때문에 지나치게 관계에 매달림으로써 만족감과 안정감을 느끼려다 보면 자칫 위험할 수 있습니다.

달콤한 마카롱을 떠올려볼까요? 한두 개 먹으면 맛도 좋고 기분 전환에도 도움이 되지만 너무 많이 먹으면 건강에 위협이 되잖아요. 삶의 행복도 마찬가지예요. 한 가지에 너무 큰 가치를 두면 그것이 조금만 불안정해져도 인생이 송두리째 흔들리는 듯한 느낌을 쉽게 받습니다. 나와 다른 태도로 관계를 대하는 상대라면, 실제로 관계가 파국으로 치닫지는 않겠지만 상대의 방식이 허탈하고 억울한 마음도 들게 할 수도 있지요.

얼마나 많은 에너지가 관계를 유지하는 데 들어가는지 생각해 보면 좋겠습니다. 안정된 관계에서는 서로의 부족한 점을 보완하며 균형을 유지하려는 안전감이 중요해요. 혼자만의 노력으로 얻는 것은 한계가 있지요. 연인과의 관계에서 내가 할 수 있는 부분에 집중하되, 그것 때문에 삶의 다른 부분을 소홀히 대하지 않는 것이 중요합니다.

﹛앞으로 나아가는 갈림길에서﹜

우리는 중요한 결정을 내릴 때 감정을 배제하고 이성적 선택을 하고자 애씁니다. 오래전부터 감정은 합리적 판단을 내리는 데 도움 되지 않으며, 이성의 힘으로 감정을 통제하는 것이 바람직하고 성숙한 사람이라는 사고방식이 있었어요. 감정은 오래되고 단순하며, 자동적 신체 기능을 조절하는 역할을 주로 하는 뇌의 하부 구조에서 비롯한다고 생각했습니다. 반면, 이성은 진화 과정을 거치며 형성된 새로운 능력으로 여겨졌지요.

하지만 최근 뇌 과학에서는 감정이 뇌의 특정 부분에서 비롯하지 않음은 물론 몸의 중요한 각 기관과 협업해 만들어지는 복합적이고 의식적인 경험으로 바라보고 있습니다. 우리는 이러한 감정의 영향을 받지만, 그 속도가 빠르기에 미처 의식하지 못한다고 느낄 뿐이지요. 즉, 사람은 이성의 힘만으로 합리적 결정을 내릴 수 없고, 감정의 영향을 반드시 받습니다.

따라서 마음에 상처가 나면 중요한 선택을 하기 힘들어요. 후회할 만한 결정을 내리기도 쉽고요. 그래서 이렇게 힘든 시기에는 잠시 결정을 미루고 마음이 균형을 잡을 때까지 기다려야 하는 거랍니다.

지금 상황이 아무리 힘들어 관계를 정리하고 싶어도 좋았던 기억과 행복한 경험이 자꾸 떠올라 선택이 쉽지 않을 거예요. 혼자가 된 이후의 적막함과 외로움도 두려움으로 다가올 수 있지요. 이 년이란 짧지 않은 시간 동안 연인과 관계를 유지해 왔다면 관계를 지속하는 것과 중단하는 것 모두 어려운 선택일수 있어요. 하지만 선택하는 능력 또한 우리에게는 있답니다.

어떤 선택을 하든 결과를 받아들이고 유연하게 대처하는 것이 그 능력입니다. 선택의 결과가 좋기만을 바란다면 결정하기 어려워지고, 그 결과로 또 다른 상처를 받을 수도 있지요. 무엇을 선택하든 그동안 수많은 선택의 결과에 잘 대처해 왔다는 것을 떠올리며 자기 자신을 믿어보세요. 관계를 이어가도, 멈춰도 어느 정도의 고통은 찾아옵니다. 은정 씨 자신을 믿으세요. 그리고 담대하게 한 발자국 앞으로 나가 누구에게도 휘둘리지 않는 인생을 살기 바랍니다.

☼ 세 가지 처방
—

1. 마음이 불안정할 때에는 어떤 결정이든 마음이 편해질 때까지 일단 미룬다.

2. 관계가 인생에서 중요한 건 맞지만, 나의 전체를 대표하는 가치가 되어서는 안 된다.

3. 어떤 선택을 하더라도 그동안 잘 대처해 온 자신의 능력을 믿고 선택 이후의 새로운 삶을 긍정적으로 바라보자.

깊은 아픔을 딛고
이제는 사랑하고 싶어요

엄마한테 그동안 솔직하게 말하지 못했던 거 미안해. 나도 한 번쯤은 털어놓고 시원해지고도 싶었지만 차마 그러지 못했어. 엄마가 알면 너무나 속상할 게 당연하니까. 사랑하는 딸이 오랫동안 고통받아 왔던 일이 있었다는 것도 충격이겠지만, 그 일의 가해자가 누구인지를 알게 된다면 내가 엄마라도 너무 슬플 것 같았거든.

우리 집이 우유 대리점 했었을 때 말이야. 초등학교 2학년을 막 마친 겨울방학이었어. 그날도 엄마 아빠는 새벽에 일찍 집을 나서고 없었는데 목이 말라 아침 일찍 눈이 떠지더라고. 그래서 부엌으로 물을 마시러 나갔지. 그때 집에 삼촌이 같이 살고 있던 거 기억나. 직장을 갑자기 옮기게 되었다고 했었나, 아무튼 그때 삼촌이 있었어.

삼촌이 소파에 앉아서 신문을 보고 있었는데, 나를 보고 손짓하더니 삼촌 무릎에 앉아 보라고 했지. 별생각이 없었던 나는 무릎에 앉았어. 그런데 갑자기 삼촌이 손가락을 내 팬티에 넣는 거야. 깜짝 놀라 왜 나를 아프게 하냐고 물었더니 삼촌은 당황한 얼굴로 황급히 일어나서 자리를 피했어. 그렇게 나를 남겨두고 출근해 버렸지.

그 이후로 나는 삼촌이 집에 있을 때마다 무서웠어. 한 번은 그렇게 지나갔고 다른 한 번은 내가 울면서 자꾸 이러면 아빠한테 다 말하겠다고 했어. 다행히 그날 이후 더 이상 나에게 나쁜 짓을 하지 않았어. 하지만 삼촌은 그날 내 눈을 보며 이렇게 협박했지.

"모두 은정이 너 때문에 벌어진 일인데, 네가 아빠한테 말한다면 아빠가 엄청 화가 날 거다. 그러면 이제 넌 다시 아빠를 못 볼 거야!"

그 말을 듣고 정말 모든 것이 내 잘못이라 생각했어. 어린 나에게 삼촌은 가족이 아니라 공포의 대상이 되었어. 마치 집 안에 괴물이 있는 것 같았다고. 더 이상의 추행은 없었지만 삼촌이 우리 집에 머무는 동안 내가 혼자 있어야 하는 상황이 되면 밖에 나가거나 친구 집에 가서 늦은 밤까지 들어오지 않았어. 엄마 아빠가 돌아오기 전까지는 절대로.

그때 엄마가 나한테 화냈던 거 기억해? 왜 자꾸 늦게 들어오냐고, 밖에서 노는 것만 좋아한다고 나무랐지. 하지만 나는 아무 말도 할 수 없었어. 삼촌이 나에게 그랬던 게 꼭 내 잘못 같았거든. 그래서 엄마한테 사실을 말하면, 더 혼날 것 같았어. 그땐 정말 그랬어. 말할 수 없었어.

그 일이 어떤 모양의 상처를 남겼는지는 잘 모르겠어. 그 일만 제외하면 나는 별일 없이 비교적 잘 살았던 거 같아. 공부를 잘하는 편은 아니었지만, 그냥 다른 친구들처럼 평범하게 자랐고 취직도 했지. 아마 그 일이 벌어지지 않았더라면 그럭저럭 행복하다고 느끼면서 살았을 것 같아.

나는 단 하루도 그 일을 떠올리지 않은 날이 없었어. 샤워하거나 옷 갈아입을 때, 친구들과 재미있는 이야기를 할 때, 학교가 끝나고 혼자 집에 돌아오는 길에, 엄마 아빠와 평소처럼 저녁 식사 후 과일을 먹다가도, 나에게 장난을 거는 아빠의 행복한 얼굴 속에서도 종종 삼촌 얼굴이 떠올랐어. 괴로웠냐고? 글쎄. 얼마간의 시간이 지난 이후에는 괴롭다는 생각조차 들지 않았어. 그냥 내 안에 지워버리고 싶은 기억 하나가 늘 떠돌아다니고 난 그걸 잡아서 어딘가 보이지 않는 곳으로 마구 쑤셔 넣어버리고 싶은데 그럴 수가 없다 정도? 그저 그뿐이었어.

처음 남자 친구를 사귀었던 것은 고등학교 2학년 때야. 엄마는 아마도 대학교 1학년 때 사귀었던 남자 친구를 처음 만난 남자라고 기억하겠지만 사실은 그렇지 않았어. 고등학교 2학년 때 학원에 같이 다니던 오빠가 있었는데 내가 그 오빠를 많이 좋아했어. 십 년도 더 지난 일이라 얼굴이 또렷하게 생각나진 않지만, 선이 고운 여자아이처럼 생겼던 것 같아.

그 오빠와 학원이 끝나면 동네를 한 바퀴 걷거나 학원 아래에 있는 편의점에서 같이 라면을 먹으면서 시간을 보냈지. 꽤 재미있었어. 근데 어느 날 오빠가 집에 나를 데려다주면서 손을 잡더라. 그때부터였던 거 같아. 남자들이 나를 만질 때면 그 사람을 더 기쁘게 해줘야 하는 것인가라는 생각이 든 게.

손을 잡으려는 오빠에게는 포옹을 해주면 기뻐할 거 같았고 키스를 하려는 남자에게는 그 이상을 허락해 주면 나를 더 사랑해 줄 것만 같았어. 그리고 신기하게도 내가 그들에게 한 가지를 더 허락해 주면 그들과의 관계는 급속도로 가까워졌어. 나를 좋아한다고 말하던 남자는 금방 사랑한다고 고백했고 내가 보고 싶다고 말하던 남자는 어느새 우리 집 앞에서 나를 기다리기 시작했지.

어느덧 내 몸이 나의 무기라도 되는 양 행동했어. 그것이 무조건 싫었다는 뜻은 아니야. 뭐랄까. 나에게 다가오는 남자들의 진심 따위는 안중에 없어진 지 오래된 것 같아. 모두 어떤 목적을 가지고 다가오는 것 같고, 그 목적을 이루기 위해 나를 사랑해 주는 것 같고. 이 사람이 날 진심으로 사랑하고 있구나라는 느낌은 받지 못한 것 같아.

마음속에 자리 잡은 삼촌이라는 환영은 마치, 그 모든 남자를 대표하는 듯해. 나를 예뻐하는 척, 아끼는 척하지만 속은 검고 더러운 생각만 가득할 뿐 괴물인 거지.

엄마, 근데 반대로 생각해 보면 나 또한 그들을 필요로만 대했어. 외로움을 달래줄 누군가가 필요할 때. 어떤 힘든 일이 생겨서 기대고 싶은 사람이 있어야 할 때. 나도 그럴 때만 찾았거든.

누군가를 온 마음 다해 사랑한다는 것은 무엇일까? 어떤 기분일까? 엄마는 알아? 매 순간 보고 싶고 그립고 또 함께하고 싶다는 마음이 들어야 하는데, 난 누군가 다가오면 의심부터 하기 바빠. 나를 정말 좋아하는 걸까? 정말 내 생각을 하는 걸까? 나는 그에게 어떤 존재일까? 온갖 상상과 추측이 머릿속을 지배해.

그리고 가끔은 그들의 얼굴에서 삼촌을 발견하곤 해. 나를 향해 따스하고 애정 어린 미소를 짓지만, 그게 다가 아닐 것 같아. 엄마와 아빠 앞에서는 착한 동생인 척, 사촌 동생들 앞에서도 좋은 아빠인 척하지만 나는 알고 있었어. 그 사람은 동생도,

이뻐도 삼촌도 아닌 징그러운 괴물일 뿐이라는 걸.

명절 때마다 아르바이트며, 친구들 모임이며 핑계 대고 나가기만 했던 거 정말 미안해. 하지만 이제는 내가 그럴 수밖에 없었던 이유를 엄마도 이해할 수 있겠지? 사촌 동생들과도 친하게 지낼 수가 없었어. 그 아이들도 나와 같은 일을 겪으면 어쩌나 항상 불안했거든. 그렇다고 자기 아빠가 한 일을 말해줄 수도 없잖아.

그러니까 엄마. 이제 나한테 삼촌 병문안을 가보라느니, 안부 전화를 하라느니 그런 말은 안 했으면 좋겠어. 삼촌이 폐암에 걸렸고 살날이 얼마 남지 않았다는 건 글쎄. 애석하게도 그게 그렇게 안타깝고 슬프지가 않아. 잘된 일이라고 생각하냐고 물을지도 모르겠지만 그 사람이 어떻게 되건 말건 관심이 없어. 내가 관심이 있는 건 이 얘기를 듣고 엄마가 얼마나 충격을 받았을지 뿐이야. 다만 한 가지 희망이 생겼다면, 나에게 아픔을 준 그 사람이 이 세상에서 곧 없어진다는 것. 그렇다면 이제 나도 그 일을 잊을 수 있지 않을까 하는 희망이 생긴다는 거야.

단 한 번이라도 누군가를 만나 정말 사랑을 하고 싶어. 기억 속에서 삼촌이라는 존재를 까맣게 잊어버리고 나를 향해 다가오는 사람에게 오롯이 마음을 다 주고 싶어. 의심이나 경계 따위는 하지 않을 그런 사랑. 엄마, 나도 이제 사랑을 할 수 있을까?

☁ 은정 씨의 고민

어렸을 때 생긴 깊은 상처가 하나 있습니다. 고작 아홉 살이던 제가 성추행을 당한 뒤로 살아오는 내내 그것을 가슴속에 숨기고 아파해야 했죠. 엄마나 친한 친구에게도 말할 수 없던 그 아픔은 성인이 된 지금까지 누군가를 만나고 사랑하는 데 걸림돌이 되고 있어요.

저는 남자를 믿지 못합니다. 저에게 다가오는 남자들을 의심하고 경계하기에 바쁩니다. 이제는 사랑에 위축된 마음을 열고, 진심으로 누군가를 사랑하고 싶어요.

당신의 잘못이
아닙니다

몸에 생긴 큰 상처는 시간이 지난 뒤에도 지워지지 않는 흉터를 남깁니다. 우리 마음도 보이지 않을 뿐이지 몸과 다를 바 없어요. 은정 씨는 오래전 일이지만 아직도 생생하게 떠오를 정도로 큰 상처가 될 일을 겪었습니다. 이미 지나갔지만, 아픈 흔적이 가슴에 남아 아직도 힘들게 하고 있지요. 차마 말할 수 없었던 그 힘든 일을 오랫동안 마음에 담고 지내온 은정 씨는 얼마나 힘들었을까요? 참 잘 견뎌왔다고 말해주고 싶어요.

　감당하기 어려울 정도로 깊숙이 팬 상처는 삶의 많은 영역을 침범합니다. 문제가 일어났던 곳과 상관없는 곳까지 널리 퍼져나가 평범한 일상을 방해하기도 하지요. 적절한 도움이나 치료 없이 이런 일이 오래 이어지면, 상처로 인한 결과가 아니라 자신에게 본래 있던 문제라 여기는 경우가 생겨요. 타고난 성격이나 의지와 같은 지극히 개인 특성의 문제로 말이지요. 은정 씨가 우선 알아야 할 점은 이런 변화가 은정 씨의 잘못이 절대, 절대 아니라는 점이에요.

〔당신의 잘못이 아닙니다〕

도덕이나 법을 굳이 들먹이지 않아도 삼촌이 은정 씨에게 했던 행동은 결코 있어서는 안 되는, 너무나 잘못된 것이지요. 이유가 무엇이든 그릇된 행동에 대한 결과에 스스로 책임을 져야해요. 다른 사람에게 해를 끼치고 잊을 수 없는 고통을 주었다면 더욱 그렇습니다.

하지만 그 일 이후 어땠나요? 가해자인 삼촌은 아무런 죗값을 치르지 않았고 결혼하고 아이를 낳고 평범한 삶을 꾸렸지요. 반면에 피해자 은정 씨는 크나큰 고통으로 오래 아파해야했고 자신의 책임이 없는 일을 스스로 해결하려 했습니다. 무척이나 답답하고 무력한 사람으로 살 수밖에 없었던 겁니다.

문제를 해결할 힘이 상대적으로 부족한 어린 시절 생긴 상처는 어른이 되어 받은 상처와 다릅니다. 실제로 대응할 수 있는 일이 거의 없으며, 그에 관한 판단조차 어렵기 때문이에요. 더욱이 그 일이 안전에 대한 위협이었다면 상처에서 끝나지 않고 더 나아가 죽을지도 모른다는 공포심이 들기도 해요. 어린아이로서는 감당하기 어려운 큰 충격이기에 감정이 제멋대로 흔들리고 앞뒤 맞지 않게 생각하거나, 이상하다 싶은 행동을 하기도 하지요. 지금 은정 씨가 가장 먼저 해야 하는 생각은 이러한 고통을 본인 탓으로 돌리지 않는 겁니다. 은정 씨, 다시 한번 말하지만 당신의 잘못이 아니에요.

〔트라우마-흔적 지우기〕

과거에 경험했던 일이 지금도 나를 괴롭힌다면, 그 당시 일로 인한 마음의 상처와 관련된 기억이 제대로 처리되지 못했을 가능성이 큽니다. 마음의 상처, 즉 트라우마가 생긴 일은 그렇게 만든 무언가 혹은 누군가의 잘못이고 책임입니다. 그 사건으로 아파하는 당신을 스스로 비난하거나 책임을 묻는 것은 잘못된 일이며, 그 또한 상처의 영향일 수 있습니다.

　가깝고 친한 사이에서도 상처를 주는 일은 발생합니다. 트라우마로 기억이 제대로 처리되지 못하면 의식과 상관없이 많은 변화를 경험할 수밖에 없어요. 몸과 마음은 물론 주변 사람과 환경도 사실과 다르게 받아들이지요. 과거 상처에 멈춰버린 몸과 마음이 현재의 것들을 있는 그대로 바라보지 못하게 만듭니다. 상처를 경험한 것은 분명 괴롭고 힘든 기억이지만 이제 와서 바꿀 수 있는 일이 아닙니다.

반대로 상처의 흔적을 지우는 일은 내가 할 몫이며 삶을 살아가기 위해 할 수 있는 가장 나은 선택입니다. 새로운 경험을 통해 과거 기억을 다시 바라보고, 나에게 일어난 일이 무엇이며 그 일이 어떤 영향을 주었는지 꼼꼼하게 살펴보는 일을 하는 것이 트라우마 치료의 시작입니다.

은정 씨가 당시에 정말 하고 싶은 말과 행동은 무엇이었을까요? 엄마가 화낼까, 걱정할까 두려워서 하지 못했을 뿐이지 아마 스스로 무엇을 원하는지 알았을 것 같아요. 그건 감당할 수 없을 만큼 놀라고 무섭고 어찌할 줄 모를 지경이던 그때 바로 도움을 청하는 것이겠지요.

도움 없이 혼자 해결하지 못한 마음의 상처는 여러 생각의 방향을 내 안으로만 끌어당깁니다. 상처를 받은 것도 말하지 못한 것도 내 잘못이며, 모두 나 때문에 그런 일이 생겼다고 믿지요.

〔 과거에 대해 알아야 할 것들 〕

사람들은 경험을 바탕으로 다른 사람을 대하고 이해하며, 그것이 반복되면서 세상을 바라보는 관점이 완성됩니다. 따라서 모르는 것이 훨씬 많고 판단력이 부족한 어린 시절의 경험은 특히 영향력이 더 크지요. 어릴 때 큰 상처를 안고 자란 사람이라면 세상과 나를 바라보는 시각이 올바르게 형성될 수 없습니다. 경험이라는 것은 현재를 거쳐 미래도 그러리라 추측하는 좋은 발판이기도 하거든요.

내 잘못과 부족함 때문에 누군가에게 버림받거나 미움받는다는 생각은 어린아이에게 매우 큰 공포를 일으켜요. 특히 가족에게 버림받을지도 모른다는 생각은 죽음을 의미할 정도로 어둡고 절망스러운 감정을 불러일으킵니다. 실제로 은정 씨가 겪은 그 일이 삼촌의 잘못임에도 죽을 만큼 노력해야 다른 사람에게 인정받고, 사랑받을 수 있다고 생각을 해야 하니 그동안 얼마나 큰 괴로움 속에서 외롭게 있어야 했을까요.

안타깝지만 지나간 일과 기억을 없앨 수는 없어요. 아프고 괴롭겠지만 그것이 지금 은정 씨가 처한 현실입니다. 하지만 괴로운 일일수록 그 일을 있는 그대로 명확히 바라봐야 해요. 나에게 일어났던 일이 어떻게 생겨났는지, 누구의 책임인지, 그 일로 얼마나 힘들었고 슬펐는지에 대해서도요. 그래야 혼자 감당하기 어려움을 인정하고 도움을 바랄 수 있습니다.

너무나 아프겠지만, 일어났던 일을 그대로 바라보고 이해하게 되면 지금과는 다른 감정을 경험할 수도 있어요. 나에게 해를 가한 사람이 왜 그랬을까, 어떻게 그럴 수 있었을까 하는 생각은 그 일에 대한 분노, 화와 같은 감정이 많음을 의미해요. 은정 씨가 겪은 일도 마찬가지입니다. 마음속에 분노가 이는 것은 당연해요. 은정 씨 잘못이 아니니까요. 그 일에 대한 책임은 온전히 삼촌에게 있다는 사실을 꼭 기억하세요.

〔그래도 해야 할 일은 있다〕

마음에 큰 상처가 나면 생각 역시 한쪽으로 치우치기 쉽습니다. 세상은 무섭고 믿을 수 없는 곳이며 그 안에서 할 수 있는 일은 아무것도 없다는 극단적이고 부정적 내용이지요. 여기에 그 일이 내 잘못으로 생겼다는 잘못된 인식도 형성됩니다. 이처럼 부정적으로 치우친 시각은 현재와 미래 역시 어둡게 만들지요.

이제 은정 씨가 할 일은 상처를 적극적으로 치유하려 애쓰는 겁니다. 상처를 만든 책임은 나에게 없지만, 그 흔적을 해결하는 일은 스스로 해야 해요. 자신이 사랑받지 못할 것 같고, 사랑할 수 없다고 여기는 것은 이 모든 일의 원인이 아니라 상처의 흔적이며, 해결해야 하는 과제인 셈입니다. 힘들더라도 은정 씨 스스로 과거를 보고 현재의 나를 바꿀 수 있다는 믿음을 가져야 해요.

그 시작은 지금 머릿속을 지배하는 생각들이 현재 있는 문제가 아니라 과거 기억, 지나간 경험에서 비롯한다는 사실을 아는 것입니다. 당시 은정 씨는 너무 어렸고 보호받지 못했기 때문에 어린 시절 생긴 상처를 제대로 처리하지 못했을 뿐이지 결코 나약했던 것이 아닙니다.

{ 이야기의 힘 }

고통의 경험은 뇌에 저장되어 지금 겪는 다른 어려움과 연결됩니다. 과거의 고통은 사라져도 어두운 기억은 살아남아 앞으로 일어날 일에 관한 두려움을 일으키지요.

흔히 우리는 한때의 공포나 수치스러운 기분, 창피함을 꾹 누르고 있으면 이내 없어지거나 해결되리라고 생각하기 쉬워요. 하지만 이것은 나에게 머무른 나쁜 감정을 조절하는 것이 아닙니다. 그저 도망치는 것이지요. 그래서 이런 감정에 휘둘리지 않으려면 구체적으로 이 감정이 무엇인지, 어디에서 왔는지를 나의 이야기로 설명할 수 있어야 해요. 우리에게 가장 중요하면서도 쉬운 도구인 '언어'를 사용해서 말이지요.

쉽고 편한 말로 나를 지지해 주고 믿을 수 있는 사람에게 이야기해 보세요. 그리고 과거 경험과 현재 불편한 감정이 생활에 어떤 영향을 주는지 주의 깊게 살펴보세요. 누군가에게 아픔을 털어놓는 것이 구차하게 느껴지더라도 용기를 내세요. 누군가 자신의 이야기를 들어주는 것만으로도 분명 치유가 되니까요. 혹여 나의 괴로움과 어려움이 다른 사람에게 전달되지 않을까 염려스러울 수도 있어요. 하지만 부정적 감정은 이야기하는 과정에서 사라지니 그대로 감정의 모양을 전달하려는 데만 힘을 쓰세요.

다른 사람에게 도움 청하는 일을 두려워하지 마세요. 은정 씨는 혼자가 아니에요. 도와줄 사람들이 주변에 있고, 도움받을 자격도 있어요. 어릴 때는 스스로 하기 어려워도 지금은 할 수 있습니다.

혼자가 어렵다면 치료자를 찾아보아도 좋아요. 주변의 부정적 반응보다는 아직도 영향을 주는 상처와 아픔에 관심을 가져보는 게 좋지 않을까요? 상처를 돌보는 일에서는 조금 이기적이어도 괜찮습니다. 지금 가장 중요한 것은 아픈 마음이기 때문이죠. 그래도 여기까지 꿋꿋하게 잘 견뎌온 은정 씨가 저는 참 자랑스럽습니다. 이제 아픔을 털어내고 곧 평안한 인생을 살아갈 은정 씨를 응원할게요.

☀ 세 가지 처방
—

1. 상처받은 것은 내 잘못이 아니다. 나는 보호받지 못했으며 그때의 상처가 흉터로 자리 잡은 것뿐이다.

2. 과거 상처로 생겨난 생각을 그대로 따르지 말고 새로운 경험을 통해 바꿔보자.

3. 감정을 표현하고 전달하는 일에만 초점을 맞춰보자. 마음을 표현할 때는 조금 이기적이어도 괜찮다.

사랑도
돌이킬 수 있나요?

벌써 새벽 두 시다. 이렇게 불면증에 시달린 게 벌써 일주일 째. 수면제를 먹는 날엔 그나마 잠을 좀 이루지만 스스로 잠드는 것은 은정에겐 아직 무리다.

'언제쯤이면 그 애 생각에서 벗어날 수 있을까?'

일주일 전 이제 정말로 헤어지자는 통보를 끝으로 그와의 관계는 끝이 나버렸다. 두 달 반의 짧은 연애였지만 은정에게는 가볍지 않은 흔적을 남겼다. 그토록 사랑했는데. 그리고 사랑한다고 했는데. 어떻게 한순간에 마음이 변할 수가 있을까? 도무지 이해가 가지 않았다.

"나야. 어제 네가 했던 말들 다시 생각해 봤어. 네 말대로 내가 참 많이 널 괴롭혔던 것 같아. 잘못했다고 느끼고 있고 반성하고 있어. 내가 먼저 우리 사이 고민해 보겠다고 했던 것 많이 후회하고 있어. 알아, 너도 많이 지쳤었다는 거. 내가 하나하나 다 간섭하고 너 숨 막히게 했던 것 같아. 앞으로는 몇 시간 연락 없어도, 아니 하루 동안 연락하지 않아도 보채거나 화내지 않을게. 헤어지겠다고 했던 거 다시 생각해 봐줄래? 네 마음만 바뀐다면 기다릴 수 있어. 이번엔 정말이야."

메신저의 글자들을 지우고 쓰기를 수차례, 한 시간 넘게 붙들고 있었지만 은정은 차마 전송하지 못했다. 나는 왜 이 모양일까. 아직도 그를 생각하는 자신이 창피하고 한심해 눈물이 났다.

"어디 아픈 거 아니야? 뭐 친구하고 안 좋은 일 있었어? 며칠 동안 밥도 잘 안 먹고 왜 그러는 거야."

엄마가 걱정스러운 듯 은정의 안색을 살폈다. 하지만 은정은 "없어 그런 일" 하고 퉁명스럽게 대답하며 방문을 닫아버렸다.

집에서는 마음대로 뭐든 할 수 있었지만, 회사가 문제였다. 사무실 공기가 조금이라도 무거워지면 성질부리기 일쑤인 과장 때문이었다. 도무지 어느 포인트에서 웃어야 할지 알 수 없는 과장의 유치한 농담에도 팀원들은 장단을 맞춰야만 했다. 지금처럼 감정의 파도가 몰아치는 이별의 시기에 은정은 농담에 웃고 맞장구를 치는 일이 쉽지 않았다.

"아니, 누구는 소싯적에 실연 한번 안 해보고 살았니? 너무

티 좀 내지 말자, 은정 씨. 지금 얼굴에 저 어제 헤어졌어요, 건드리지 마세요 이렇게 씌어 있어. 그렇게 자기감정 하나 컨트롤 못해서 어떻게 사회생활을 하니? 나 오늘 아침에 열이 펄펄 나는 아이를 친정 엄마한테 맡기고 온 사람이야. 자기가 아무리 힘들어도 아픈 아이 떼어 놓고 온 나보다 괴롭겠니? 이러지 말자. 여기서 자기 얼굴 보고 있는 거 힘들다."

지나가던 과장이 은정에게 마지못한 듯 한소리했다. 은정은 입술을 한껏 깨문 뒤 들릴 듯 말 듯한 소리로 알았다고 대답했다. 집도 직장도 어디도 편한 곳은 없었다.

사실 이별이 아니었어도 은정은 늘 마음 한구석이 불안했다. 그리 예쁘지도 않은 얼굴에 160센티가 될까 말까 한 키. 아무리 공들여 화장해 본들 넓적해 보이는 얼굴은 잘 가려지지 않았다. 항상 머리카락을 어깨만큼 길러 양쪽 턱을 가리는 헤어스타일을 고집한 건, 타고난 얼굴형 때문이었다. 마사지 기구로 얼굴을 열심히 문질러 보기도 하고 턱선을 날렵하게 보이도록 해준다는 화장법도 따라 해보았지만, 늘 외모는 자신 없는 것 중 하나일 뿐이었다.

'성형수술을 해볼까? 턱을 깎고 코를 높이고, 쌍꺼풀도 더 크게 하는 거야. 앞트임을 넣어서 눈도 더 커 보이게 하고.'

하지만 주사 맞는 게 무서워 감기도 집에서 끙끙 앓고 참는 은정에게 성형외과의 수술 과정을 견딘다는 것도 쉬운 결정이 아니었다.

SNS에 올라오는 친구들의 사진을 보고 있노라면 자신의 얼굴이 그렇게 못나지는 않다는 생각이 들기도 했다. 친구들도 나도 모두 고만고만한 키에, 비슷한 얼굴인데 왜 나만 이렇게 스스로 못났다고 생각하는 걸까?

"너는 왜 항상 그렇게 자신이 없어? 네가 얼마나 예쁘고 착한데. 왜 너만 그 사실을 인정하지 않는 거야? 혹시 욕심이 너무 많은 거니? 별로 그래 보이지는 않는데 말이야. 은정아, 내가 여러 번 말하지만 넌 정말 예뻐. 반짝반짝 빛이 나는 사람이라고. 그러니까 이제부터는 자신 있게 살아. 알았지? 꼭이야!"

헤어진 그가 해줬던 말이 생각났다. 결국 은정은 회의 도중 울음을 참지 못하고 화장실로 달려가고 말았다. 그는 왜 변했을까? 그래. 모든 것은 나 때문이야. 내가 이렇게 망쳐버렸어. 은정은 자신이 너무나 미워 견딜 수가 없었다.

'나 말이야. 아무것도 하지 못하겠어. 밥을 먹을 수도 잠을 잘 수도 없어. 일하는 것도 너무 힘들어. 다시 돌아와 줄 수 없을까? 이런 말을 하는 나조차 너는 이기적이라고 생각하겠지?

그날 밤 말이야. 우리가 헤어지던 밤. 네가 커피숍에서 헤어지자고 말했을 때, 온갖 말로 너를 붙잡으려고 했던 것 정말 미안해. 돌이켜 생각해 보니 그때 너를 붙잡는 게 아니었어. 그날 바로 알겠다고 했더라면 네 마음이 좀 바뀌었을까? 넌 그때 나한테 화를 냈지. 지금 네가 이렇게 또 붙잡으면 다시 원점으로 돌아가는 거라고. 바뀌는 게 뭐가 있냐고. 그래, 네 말이 맞아. 나는 계속 노력하겠다고 했지만 그러지 못했어. 이제는 조금 알겠어. 내가 뭘 잘못했는지.'

퇴근 후 버스에 앉아 은정은 그에게 장문의 메시지를 쓰고 있었다. 몇 번이나 쓰고 지우기를 반복하다 생각했다. 언제쯤이면 이 마음이 그에게 도착할 수 있을까? 나는 과연 전송 버튼을 누를 수는 있을까?

아직도 헤어지자고 말한 그에게 이렇게 간절히 매달리는 것을 친구들이 안다면 뭐라고 할까? 아마도 한심하다고 정신 차리라며 나를 비난하겠지. 엄마와 아빠는? 사랑하는 딸이 이렇게 이별 하나 감당하지 못해서 종일을 지옥 속에 살고 있다는 걸 안다면 얼마나 슬퍼할까.

핸드폰을 꼭 쥔 두 손 위로 눈물이 뚝뚝 떨어졌다. 집으로 향하는 두 발 아래 쇳덩이가 매달린 듯 걸음이 무겁기만 했다. 오늘은 집에 가면 무엇을 해야 할까? 아무리 생각해도 '그다음'이 생각나지 않았다. 마치 다음이란 없는 것처럼, 내일이란 없는 것처럼 생각은 깊이 없는 어둠으로 가득했다.

"너는 나를 사랑한 적이 없어. 너는 그때 사랑을 했던 너의 그 시간, 순간들을 사랑했을 뿐이야."

헤어짐을 말하던 그의 입에서 아픈 단어들이 흘러나오던 시간이 떠오를 때마다, 은정은 숨을 쉬기가 힘들었다.

은정은 매일매일 사랑하는 거 맞냐고 확인하고, 아침 점심 저녁 모든 때마다 무엇을 하는지 어떤 것을 먹었는지 물어보고 대답을 들어야 했다. 연락이 없는 시간이면 혼자서 아무것도 할 수 없이 불안에 떨었던 자신이 너무나도 미웠다. 이제는 만나서 하소연을 늘어놓을 친구들도 남지 않았다.

늘 연애가 시작되면 친구와 가족 모두를 뒤로하고 오로지 남자만을 위해 존재하는 사람처럼 살았다. 그와 함께하지 않는 주말이면 혼자서 아무것도 할 것이 없었다. 그리고 비로소 혼자가 되어버린 지금, 은정은 마치 내일조차 사라져 버린 사람처럼 허우적대고 있었다.

나는 정말 네가 생각했던 빛나는 사람이긴 한 것일까? 너에게 나는 도대체 어떤 존재였던 걸까?

은정은 끝도 없는 물음을 자신을 향해, 그리고 자신에게 먼지만 한 관심조차 남지 않았을 그를 향해 묻고 또 물을 뿐이었다.

🌧 은정 씨의 고민

남자 친구와 이별을 했습니다. 하지만 아직 저는 이별을 받아들이지 못하고 있어요. 그 사람과 지냈던 순간들을 떠올리고 매일 괴로워합니다. 차마 보내지 못하는 메시지를 종일 썼다 지웠다 반복하기도 하고요. 함께했던 시간이 참 허무하게만 느껴집니다.

매일 연락을 기다리고 답장을 재촉하면서 그를 닦달했죠. 그 없이 혼자 남겨진 시간 동안 무엇을 해야 할지 몰랐어요. 이런 마음이 집착으로 느껴졌을까요? 저 때문에 그가 떠난 것 같아 제 자신이 너무 원망스러워요. 언제쯤이면 이별의 고통에서 벗어날까요?

누구나 혼자는
두렵다

서로 사랑하는 연인들은 함께 있을 때 편하고 즐거우며, 서로를 향한 말과 행동을 통해 충만한 행복감을 느낍니다. 이런 감정은 괴롭고 슬픈 일도 극복할 만큼 아주 강한 끌림이지요. 그래서 연인들은 한시라도 떨어져 있고 싶어 하지 않습니다. 하지만 현실적으로 24시간 내내 붙어 있을 수는 없지요. 먹고 자는 것을 함께한다 해도 아침이면 각자 학교나 일터로 나가야 하기 때문입니다.

다행인 점은 우리 대부분이 연인과 함께 있지 않더라도 좋은 감정을 유지할 수 있다는 거예요. 함께할 때 좋았던 기억이 남아 있다면 사랑하는 연인이 꼭 곁에 있지 않아도 다음 만남을 기대하며, 혼자 있는 시간을 즐겁고 행복하게 보낼 수 있어요.

은정 씨는 헤어지고 나서도 스스로 연인에게 집착했다고 생각해요. 그래서 후회하고 자기 자신을 원망스러워하죠. 하지만 이건 자연스러운 감정이에요. 자신이 좋아하고 사랑하는 사람과 헤어지는 상황에서 아무렇지도 않다면, 오히려 이상한 일 아닐까요?

지금 힘들다고 느낄 수밖에 없는 시기예요. 연인이나 친구 사이에서 상처를 받지 않았더라도 혼자 남겨지는 것은 너무나 두려운 일일 수 있어요. 하지만 그 느낌 자체가 스스로 아무것도 할 수 없음을 의미하지는 않아요. 내 능력에 관한 믿음, 선택에 대한 확신, 잘 지내던 순간이 이별의 슬픔에 가려 흐릿해졌을 뿐이지요.

사람이라면 누구나 좋아하는 사람에게 관심받고 싶을 거예요. 인정받고 싶은 욕구가 강하다거나 무능함 때문에 그럴 수 있다는 복잡한 생각까지 하지 않아도 말이지요. 인간은 본래 사회적 동물이니 의도하지 않아도 사람과 어울리는 것이 편하고 즐거우며 그렇게 할 때 만족을 느낀답니다. 그러니 누구나 이별을 맞이하고 혼자 된다고 생각하면 덜컥 겁이 나고 걱정이 들지요. 그 두려움은 누구나 느끼는 것이니, 너무 문제라고 생각하지 않았으면 좋겠어요.

{ 자신을 믿으며 중심 잡기 }

자전거를 처음 배울 때를 생각해 보세요. 혼자서는 발을 떼지도 못하고, 넘어지면 다칠까 두려워 누군가 잡아줘야 하지요. 사실 초보자가 타는 자전거는 생각보다 빠르지 않아요. 혹여 다치더라도 생명에 지장이 있는 것도 아니지요. 그래도 넘어지면 크게 다칠 수 있다는 두려움이 더 큰 공포로 다가오고, 설사 넘어지더라도 대처할 수 있는 자신의 능력을 보지 못하도록 합니다. 자신의 곁에 사람이 없다는 생각을 하면 더 불안하고 초조해지는 것 역시 본인의 문제라기보다는 자신에 대한 믿음의 문제인 셈이죠.

연애와 만남도 이런 기술과 관련된 부분이 크다고 생각해요. 처음부터 사람과 잘 어울리고 능숙하게 지내는 능력을 갖춘 사람도 있지만, 대부분은 어릴 때부터 여러 사람을 만나고 헤어지는 과정을 거치면서 만남과 이별에 대한 기술을 배웁니다. 사람을 사귀는 기술이라기보다 자신의 문제를 유연하게 대처해 나가는 기술이라 봐야겠지요.

이미 은정 씨는 그 능력을 갖추었습니다. 정말로 혼자 된다고 하면 어떤 걱정이 드는지 차분하게 생각하면 좋겠어요. 막상 혼자 지내는 일이 생각보다 아무것도 아님을 깨달으면, 그때 왜 그렇게 연인에게 집착했을까 하는 생각이 들 테니까요.

어떤 사람과 오랜 기간 함께하지 않더라도 정서적으로 친밀한 사이였다면 그 사람과 이별했을 때의 고통은 당연히 클 수밖에 없습니다. 친밀하다는 것은 오랫동안 비슷한 생각과 감정을 공유했고, 그것을 바탕으로 서로의 반응을 예상할 수 있다는 뜻이니까요. 친밀한 관계가 되면 서로 위로받고 싶을 때 위로받을 수 있고, 즐거움이 필요할 때 함께 즐거울 수 있지요.

이런 공감과 상호작용의 밑바탕에는 뇌에 있는 몇몇 중요한 뇌세포와 연결 회로의 역할이 있습니다. 이 세포들과 회로는 특정 사람에게 조율되어 있는데, 연인과 헤어지면 이것들의 역할은 없어지지요. 그때 느끼는 공허함과 절망감은 눈에 보이지는 않지만 실재하는 것이므로 감정을 회복하는 데 시간이 필요합니다.

또한 회로들의 역할이 사라져 다른 역할로 대체하는 데 걸리는 시간 즉, 치유 속도는 사람마다 다릅니다. 정해진 회복의 경로가 있는 것도 아니므로 완벽하게 회복한다는 것조차 무의미합니다. 아득한 나락으로 떨어지는 것 같이 괴롭고 힘들지만, 곧 회복된다는 희망으로 기다려야 하는 이유가 여기에 있습니다.

{ 관계는 둘이 만들어가는 것 }

은정 씨에게 이별은 두려움의 대상이었습니다. 나는 못나고 모자라며 혼자서는 아무것도 할 수 없다는 생각은 두려움을 더 크게 만들었지요. 하지만 생각해 보세요. 연애, 사랑은 절대 혼자 할 수 없는 경험입니다. 누군가를 만나고 유지하는 데 둘 다의 노력이 필요하듯 헤어짐도 굳이 따져보면 둘 모두의 책임이죠. 그래서 나 혼자 이 관계를 이끌어가려 너무 애쓸 필요 없어요. 관계가 유지되기를 바란다면, 관계에 대한 두려움을 연인과 솔직하게 털어놓고 이야기하면서 함께 해결점을 찾아야 하는 겁니다.

하지만 지금은 그와 이별했습니다. 이별은 실패한 것이 아니에요. 자신이 상대를 사랑할 수 있다는 믿음만큼 실제로 사랑하지 못한 것일 뿐입니다. 그래서 이별 후에는 혼자 있어도 아픔을 잘 극복하고 위기에 대처할 수 있다는 '나를 향한 믿음'이 더 중요합니다.

{ 헤어짐은 과정 }

사랑하는 사람과 헤어졌을 때나 헤어질 것 같은 상황에서 마음이 편할 수는 없겠지요. 영문도 모른 채 상대에게 갑자기 이별을 통보받으면 충격이 더 클 것이고요. 남자 친구가 갑자기 잠수해 버린다거나 SNS로 이별을 통보한다면 그 충격은 아마 상상하기 어려울 정도일 겁니다.

은정 씨가 겪은 일도 마찬가지입니다. 당연히 힘들고 괴롭고 슬플 거예요. 지금은 감정도 요동치고, 집중도 되지 않으며 생각도 오락가락할 수밖에 없는 시기예요. 일상생활에 심각한 지장을 줄 정도가 아니더라도 주변 사람이 은정 씨를 이해하고 위로해 줘야 하는 것이 맞아요.

이 세상에 너만 실연당했냐라든가, 헤어진 게 뭐 대수라는 식으로 이야기하는 것은 분명 잘못된 태도입니다. 그런 말들에 휘둘려 이별을 잘 극복하지 못한다고 자책할 필요 없어요. 내가 지금 겪는 어려움을 있는 그대로 인정해 주세요. 헤어짐은 분명 괴로운 일입니다. 아주 많이요.

누군가와 멀어지는 것은 갑자기 누군가를 잃는 슬픔과 비슷해요. 다시 볼 수 없다고 생각하면 죽음과 비슷한 정도의 괴로움일 수도 있습니다. 곁에 항상 있던 중요한 누군가가 없는 생활에 적응하려면 오랜 시간이 필요하고 그 과정에서 아픔이 생길 수밖에 없지요. 헤어짐은 새로운 누군가를 만나거나 혹은 혼자 지내는 생활로 가는 과정이에요. 변화에 대처할 능력을 갖춘 자신에 대한 믿음이 있다면 지금은 기다리는 것에 초점을 맞춰야 해요.

당장 견디기 어려워 일을 그만두거나 깊이 알지 못하는 사람을 사귀는 행동은 결과가 좋든 좋지 않든 후회하기 쉬워요. 일단은 아프고 힘들더라도 기본적 생활만 유지하면서 이 어려움이 지나가도록 기다려야만 해요. 몸과 마음이 회복되기를 기다리는 것만으로도 이별의 고통에서 벗어나려는 충분한 노력이 된답니다.

〔생각 정리 시간〕

자, 은정 씨는 방금 이별을 했습니다. 이제 변하는 환경에 적응해야 할 때가 온 것이죠. 아마도 끊임없이 괴로운 생각이 밀려들고 미래에 대한 불안과 걱정에 시달릴 수도 있어요. 특히 이런 생각들의 가장 큰 특징은 없애려 할수록 더 자주 떠오르고 괴로움이 커진다는 데 있지요.

불편한 생각이 들 때 일부러 하지 않으려 하지 마세요. 지나간 일의 후회나 미래에 대한 걱정이 들더라도 큰 의미를 두지 말고 하나의 잡생각으로 보는 거지요. 대신 그 잡생각은 일과가 끝난 후, 혹은 일과 중에라도 특정 시간을 정해서 충분히 다루어야 해요. 이렇게 '생각 정리 시간'을 정해두고 편한 곳에서 생각이 자연스럽게 떠오르게 두면서 슬픔, 괴로움과 같은 부정적 감정을 그대로 느끼는 것이 좋아요.

지금부터 해야 할 일은 바로 기다리는 겁니다. 헤어짐에 대한 집착이 아니라 헤어진 결과를 받아들이고, 새로운 생활에 적응하는 데 초점을 두는 거예요. 사랑했던 사람을 빠르게 잊게 되리라 기대하지 말고, 혹여 그 사람이 생각나더라도 자책하지 마세요. 그만큼 좋아했으며 나 또한 그 관계를 잘 유지했다는 증표입니다. 그를 생각하며 한없이 작아지는 모습이 부끄럽기도 하고, 떨어진 자존감을 회복하려고 무엇이든 하고 싶을지도 몰라요.

안타깝게도 지금은 그런 행동이 큰 도움이 되지 못합니다. 마음이 이렇게 불안하고 슬플 땐 그 감정에 맞는 생각들이 라디오 주파수처럼 조정되어 자동적으로 떠오르기 때문이지요. 그래서 그런 생각이 들더라도 좀 더 시간이 지나 마음이 한결 편해질 때 자신을 돌아보아도 늦지 않습니다. 조금은 느리더라도 자신만의 흐름을 따라 기다려보세요.

〔내가 가진 카드 중 하나〕

혹시 포커를 할 줄 아나요? 포커는 특정 조합을 만들면 이기는 카드 게임이에요. 포커 게임을 시작하면 맨 먼저 카드 다섯 장을 받게 되지요. 그리고 이기기 위해 받은 카드 중 불필요한 카드를 버리고 새로운 카드를 받습니다. 절대 한 장의 카드만 가지고는 이길 수 없어요. 또 좋은 카드라도 전체의 균형과 조합이 맞지 않으면 쓸모없는 종이에 불과하지요.

은정 씨, 삶의 만족과 행복도 비슷합니다. 여러 카드에서 한 카드에 큰 가치를 두고 그것에만 몰두하면 당장 만족은 크지만, 위험도 커지지요. 사랑하는 사람, 좋아하는 사람과 함께할 수 있는 카드는 정말 좋지만 그것에만 몰두하면 삶의 전체 균형이 깨지기 쉬워요.

우리 몸은 체온, 혈압 등을 일정하게 유지하려는 자동 시스템을 갖추었습니다. 이를 항상성(homeostasis)이라고 하는데요. 항상성은 단순히 균형 잡힌 상태를 유지하기보다는 변화하는 내외부 자극(스트레스)에 잘 적응하기 위한 대응 시스템입니다. 예를 들어 혈당이 내려갈 때 올리려고 하고 올라갈 때 내리려고 하는 시스템이 잘 작동해야 신체가 건강하다고 할 수 있는 것이지요. 삶과 사랑에도 균형을 맞추려는 이 시스템이 필요합니다.

은정 씨는 아마 지금의 시련을 딛고 다시 새로운 사랑을 시작할 수 있을 거예요. 그때는 무작정 달려나가기보다 마음의 균형을 살피면서 사랑을 가꾸길 바랍니다. 그리고 그때까지 기다리는 시간 동안 인생에서 연인과의 사랑 이외에도 가치 있는 것이 많다는 사실을 안다면 더할 나위 없이 좋겠습니다.

☀ 세 가지 처방

1. 외로움은 다른 사람이 아니라 자신에 관한 믿음이 있어야 이겨낸다.

2. 연인과의 이별은 새롭게 변하는 생활에 적응하는 과정이며, 그 과정은 당연히 힘들고 괴로울 수밖에 없다.

3. 이별 후 아픔에서 회복하는 속도는 사람마다 다르다. 따라서 남과 비교하지 말고 자신만의 흐름으로 천천히 나아가자.

3장

살아가는 마음:
'할 수 있다'는 말이
지칠 때

가족이 버거운
은정 씨의 시간

한겨울이 왔다. 코끝에 맴도는 차가운 바람이 목구멍까지 타고
들어와, 가뜩이나 차갑게 시린 몸속까지 어는 듯하다. 아침 일
곱 시. 오늘도 집을 나섰다. 여기서 강남에 있는 회사까지 걸리
는 시간은 두 시간 남짓. 언제까지 이렇게 먼 길을 달려 회사에
다녀야 하나라고 생각하며 지낸 지 벌써 이 년 반이 지났다.

"회사 근처에다 작은 원룸이라도 얻지그래?"

내 사정을 알 리 없는 옆자리 직원이 오늘도 턱 끝까지 차오
른 숨을 고르는 나를 보며 안쓰럽다는 듯 말을 건다. 나도 정말
미치도록 회사 근처로 집을 옮기고 싶다. 스물일곱, 동기들 중
몇몇은 독립해 이미 자신만의 보금자리를 마련하기도 했다. 나
역시 작은 원룸, 나만의 공간을 갖고 싶다는 생각을 늘 머릿속
에 달고 있다.

인스타그램 속 친구들은 모두 자신만의 공간이 있는데……. 새로 들인 작은 화분, 노란 불빛의 무드 등, 새하얀 침구, 혼자서 차려 먹는 단출하고 예쁜 저녁 밥상. 친구들이 올려놓는 게시물마다 좋아요를 누르고 부럽다를 연발하지만, 속으로는 내 처지가 애처로워 눈물이 나기 일쑤다.

'언제쯤이면 너희들처럼 살 수 있을까?'

밤마다 핸드폰을 들여다보며 나만의 공간을 꿈꾸지만 그 꿈은 베개를 적시는 눈물 한두 방울로 흔적을 남기고 사라진다.

왜 그러냐고 묻고 싶을 정도로 우리 집은 나아지는 게 없다. 화물 트럭을 운전하는 아빠와 집 근처 식당에서 일하는 엄마. 어떤 때는 미안한 마음이 들 정도로 부모님은 열심히 일한다. 가끔 새벽에 화장실을 갈 때면, 캄캄한 현관에서 혼자 신발을 챙겨 신으며 일감을 찾으러 나가는 아빠의 뒷모습을 마주한다. 아빠는 저렇게 열심히 사는데, 우리 집 경제 상황은 조금도 나아질 줄 모른다.

사 남매의 장남으로 할아버지 할머니를 돌봐야 했던 가엾은 우리 아빠. 잘난 삼촌과 고모들은 명절 때 고기 몇 근을 사 오는 것으로 자신들의 책임을 회피했다. 연로한 부모님을 돌봐야 한다는 막중한 책임감을 가진 아빠를 둔 탓에 동생과 나 역시 포기해야 할 게 참 많았다. 다른 친구들처럼 장난감을 사 달라고 조르지도, 외식을 하자고 투정할 수도 없었다.

하지만 늘 하고 싶은 것이 많았다. 어려서부터 그림 그리는 것을 좋아했던 나는 미술 공부를 본격적으로 하고 싶었다. 하지만 경제적으로 넉넉하지 못한 부모님에게 미술을 배우겠다는 말을 결국 꺼내지 못했다. 학원비며 재료비며, 한두 푼 드는 일이 아니라는 걸 알았기 때문이다. 고등학교 1학년 때 담임 선생님이 진로 상담 중에 이런 속내를 듣고는 '속이 깊구나, 은정이가'라는 말을 전했지만, 결코 속이 깊은 아이가 아니었다. 그저 눈에 보이는 대로 마음을 움직였을 뿐이었다.

고등학교를 졸업하고, 그런대로 성적에 맞추어 대학에 들어가 어찌어찌 취업까지도 무난하게 했다. 하지만 얼마 되지 않는 월급으로 감당해야 할 항목은 넘쳐났다. 남은 학자금 대출, 생활비, 동생 용돈까지.

퇴근길, SNS에 친구들의 새 피드가 올라왔다.

'어? 얘네 엊그제 만났구나. 근데 왜 나를 부르지 않았을까? 아, 홍대에서 봤네. 퇴근하고 가기에 너무 멀어서 그랬을까. 아니야. 영화 보고 비싼 밥에 펍까지 간 걸 보니 내가 낄 만한 자리가 아니었구나. 얘는 명품 가방을 또 산 거야? 대체 명품 가방이 몇 개나 되는 거지? 직장도 그저 그렇고 월급도 많지 않다고 했는데 무슨 돈으로 이렇게 비싼 가방을 척척 사는 걸까? 아맞다. 얘네 엄마가 하는 미용실이 요즘 그렇게 잘된다고 하더니 엄마가 사줬나 보다. 부럽네. 나는 언제 이렇게 비싼 가방 들어볼까. 월급 두세 달 치는 모아야 살 수 있겠지?'

생각이 꼬리에 꼬리를 문다. 그러다 신경질이 나 핸드폰을 가방에 쑤셔 넣었다. 남의 SNS 이제 보지 말아야지. 차는 오늘따라 왜 이렇게 막히는 거야 도대체. 두 눈을 질끈 감아도 아까 보았던 가방이 눈앞에 떠오른다.

'나만 빼고 다 행복한 거 같아. 나만 빼고.'

집에 돌아와 이만 오천 원짜리 가방을 바닥에 내동댕이치고 침대에 벌렁 누웠다.

"은정아, 밥 안 먹어?"

"안 먹어. 말 시키지 마. 피곤해, 잘 거야."

"출퇴근이 너무 힘들지 우리 은정이. 어떡하니 매일 힘들어서. 밥 먹기 싫으면 떡볶이라도 해줄까?"

싫다는 대답 대신 이불을 머리끝까지 끌어당겨 덮은 뒤 옆으로 돌아누웠다. 엄마는 잠시 머뭇거리다 조용히 방문을 닫고 나갔다. 아, 내가 또 왜 이러는 거지? 엄마는 죄가 없는데. 나는 매일 엄마를 죄인으로 만드는 것 같아.

또다시 출근길. 덜컹거리는 버스 안에서 다른 사람들을 보는데, 나와 비슷한 또래들은 모두 에어팟을 끼고 핸드폰을 만지작거린다. 강남역에 도착하면 모두 약속이라도 한 듯 우르르 버스에서 내리겠지. 저 사람들은 어떤 생각을 하며 이 지루한 시간을 견딜까?

탕비실이 유난히 시끌시끌하다. 무슨 일인지 직원들끼리 모여 한 사람을 에워싸고는 무언가를 만지작거린다. '아. 옆 팀의 박 대리구나.' 사장님 지인의 소개로 들어왔다는 박 대리는 긴 휴가가 끝나고 오면 항상 해외 면세점에서 산 물건들을 몸에 걸치고 오곤 했다.

이탈리아 브랜드 한정판 구두며 액세서리들이 몸에 찰싹 달라붙어 보란 듯이 반짝거린다. 자존심 상하게 옆에서 부러워하는 이들은 뭐람. 나는 그런 것에는 관심이 없다는 듯 커피만 홀짝이며 우글거리는 무리를 지나쳐 왔다. 하지만 속은 뜨겁고 쓴 커피만큼이나 까맣게 타고 있었다.

나도 저런 것들을 살 날이 오기나 할까? 화장실에 앉아 몰래 핸드폰으로 박 대리가 걸치고 온 액세서리 가격을 검색했다. 칠백만 원? 월급의 두 배가 넘는 금액이다. 이런 내 마음을 알 리가 없는 엄마가 메시지를 보냈다.

"은정아, 바쁘지? 퇴근하면 오늘은 어디 들르지 말고 집에 좀 바로 와줄 수 있어? 아빠가 너한테 할 말이 있대."

무슨 일이지? 아빠가 나한테 할 말이라는 게 뭘까? 엄마의 수상한 부름에 간단한 답장을 하고 자리로 돌아왔지만 오후 내내 불안한 마음이 가시질 않아 업무에 집중하기가 어려웠다. 불현듯 몇 년 전 기억이 떠올랐다.

동생이 교대에 합격하던 날 자랑스럽고 뿌듯했던 마음도 잠시, 그때도 엄마의 이런 문자를 받았었다. 그리고 그날 저녁에 부모님은 나에게 동생의 등록금을 보태달라고 부탁했었지. 어찌 보면 장녀로서 당연한 일이었는데 막상 그 말을 듣고 나니 못내 서운한 마음이 들었었다. 내 학자금도 아직 남아 있는데. 나에게도 갚아야 할 빚이 있는데.

"너한테는 너무 미안한 말인데. 아빠가 요즘 화물 일이 별로 없어서. 너도 알다시피 경기가 너무 안 좋잖니. 아빠도 나름 한다고 새벽에 일찍 나가기는 하는데 별로 돈도 안 되고 힘들구나. 게다가 이번 달에는 차 수리비도 좀 많이 나와서 돈 나갈 곳도 많았어. 근데 엄마 말이 집주인한테 전화가 와서 석 달 후 만기에는 집 보증금을 올려달라고 했대. 재작년에 보증금 올려줬던 거 너도 알지? 그때 이미 대출을 받았던 터라 이번에는 더 대출을 받기 힘들 것 같아. 그래서 말인데 네가 대출을 좀 받아줄 수 없을까?"

가슴속에서 무거운 추 하나가 툭 하고 떨어졌다. 회사 근처로 독립하기 위해 모아 놓았던 예금이 머릿속을 스쳐 지나간

다. 왜 하필이면 지금일까? 왜 하필이면 나일까? 그리고 싫어, 안 돼라는 말 대신 예금 잔액과 대출 가능한 액수 같은 것들을 생각하는 걸까?

나를 바라보는 두 사람의 눈빛이 내 얼굴에 닿아 눈물이 되어 두 뺨 아래로 떨어진다.

"울지 마 은정아, 엄마가 미안해."

엄마가 내 손을 잡고 울기 시작하자 아빠가 고개를 돌린다. 아직 동생이 집에 들어오지 않아 다행이다.

어두운 저녁 공기가 셋이 앉아 있는 거실 베란다 창밖에 와서 엉겨 붙다가 흩어진다. 울음소리 속에 차가운 겨울바람만이 휘 하고 위로인 듯 슬픔 같은 소리를 함께 내어준다. 나는 마치 바람이 내 편이라도 된 듯 서럽게, 더욱더 서럽게 울어대고 말았다.

🌧 은정 씨의 고민

> 저는 장녀로, 늘 가족을 책임져야 한다는 무거운 짐을 지고 살아왔습니다. 하지만 제 나이 또래의 다른 친구들을 보면 늘 부럽기만 해요. 다 재미있게 사는데 왜 나만 이렇게 동동

거려야 하나 싶고요.

저도 독립을 해, 예쁜 공간을 갖고 싶기도 하고 인생을 즐기며 살고 싶지만 늘 장녀라는 책임감이 발목을 붙들고 있습니다. 이런 저와는 달리 SNS에서 보이는 친구들은 모두 행복하기만 한 것처럼 보여요. 언제쯤이면 저도 행복해질까요?

행복을 위한
균형 잡기

은정 씨와 가족 모두 아주 열심히 그리고 묵묵하게 살아왔어요. 하지만 이렇게 자신의 위치에서 최선을 다해왔는데도 불구하고 무언가 부족하고 실패한 느낌이 든다면 정말 답답할 수밖에 없습니다. 특히 지금 은정 씨의 나이는 사고 싶은 것도 많고 하고 싶은 것도 많을 시기라서 더욱 그런 마음이 들 거예요.

현실의 벽 때문에 못마땅한 수준을 넘어 모든 걸 포기한 듯 보이는 은정 씨 모습이 참 안타깝네요. 거기에 주변 사람의 화려해 보이는 생활, 자유롭고 경제적으로 여유로워 보이는 모습은 한층 상대적 박탈감을 안겨주기도 하고요. 돈이라는 것이 대체 뭐길래 이렇게 우리를 괴롭힐까요?

{ 나도 모르게 생긴 시각 }

더 좋은 환경에서, 더 행복하게 살기 위해 오랜 시간 애쓰며 살아왔는데, 그에 합당한 결과를 얻지 못한다면 얼마나 슬플까요? 은정 씨가 대출을 받아줄 수 있겠냐고 묻는 부모님을 거절하지 못했던 것도 이런 이유 때문이 아닌가 싶어요. 부모님이 그동안 얼마나 열심히 노력하며 살아왔는지를 알기 때문이죠. 은정 씨도, 부모님도 일에만 매달려 살아가느라 어디에서 행복과 만족을 느껴야 하는지 모를 만큼 고되고 힘들었을 거예요.

은정 씨는 그저 기본적 삶을 위해 노력했을 뿐인데, 자신도 모르게 금전적인 부분에 삶의 무게를 두는 시각을 갖게 되지 않았을까 합니다. 지금 흘리는 눈물은 이런 상황에서 비롯한 억울함도 한몫하지 않을까 싶고요.

지금을 살아가는 데 돈은 정말 큰 의미를 지닙니다. 돈을 통해 물질적 풍요로움은 물론 시간과 노력까지도 아낄 수 있으니까요. 그래서인지 사회에서 돈은 오랜 기간 중요한 가치로 자리매김해 왔어요. 시간이 흐를수록 지나치게 돈, 즉 물질적 가치에서 만족감을 느끼는 데 점점 익숙해지는 것 같고요.

{돈과 행복}

돈에 대한 이런 시각을 갖는 것을 어느 누구도 비난할 수 없습니다. 은정 씨 의도와는 상관없이 처한 현실에 의해 생긴 가치관이니까요. 하지만 이 사실도 알아야 해요. 스스로 원해서 만들어진 가치관이 아닌 만큼, 자신이 원하지 않는 생각 방식이 나를 괴롭힌다면 그 생각을 바꿀 주도권을 지닌 사람은 분명 자신이라는 점을요.

흔한 이야기겠지만 많은 사람의 인생을 살펴보면, 돈과 행복이 반드시 비례하지는 않아요. 그럼에도 그들이 행복해 보이는 이유는 자기 삶의 만족, 그리고 행복에서 돈이 차지하는 비중이 크기 때문입니다. 은정 씨가 돈에 대해 이러한 시각을 갖게 된 것도 바로 이 이유 때문이고요.

행복의 정의는 다양합니다. 삶에서 다양한 가치 있는 결과를 만들어 만족이라는 감정을 느낄 때, 이를 행복이라고 이야기합니다. 또 반대로 행복은 삶의 만족을 높여주기도 하고요. 만족과 행복은 이렇게 서로 영향을 주고받지만, 행복이라는 감정을 만들어내는 일은 그리 쉽지 않습니다.

마틴 셀리그만이 창시한 '긍정심리학'에서는 삶의 만족을 높여 긍정적 감정이 부정적이고 불쾌한 감정보다 우세할 때를 행복으로 정의합니다. 각 개인이 가치 있다고 여기는 삶의 크고 작은 영역에서 목표를 달성하거나 만족감을 느낄 때 행복을 경험하게 되지요. 단순히 행복해지려는 막연한 기대보다는 내가 어떤 부분에 얼마큼의 가치를 두는지 찾아보고, 거기서 만족감을 얻기 위해 힘을 나누는 것이 필요합니다.

이때 다른 사람이 아닌 자신만의 기준에 따라 삶의 가치를 결정하는 일이 중요해요. 자신의 의지에 따라 삶의 기준을 두었을 때 부정적 생각에 휩쓸리지 않고 균형 잡힌 사고를 하기 때문이지요.

또 하나 해주고 싶은 말이 있습니다. 은정 씨, 행복은 단 하나의 가치에서 오는 것이 아닙니다. 삶의 여러 영역에서 느끼는 작은 만족이 합쳐져 행복이라는 감정이 생기기 때문입니다. 여기에는 경제적 요건, 인간관계, 사랑, 건강, 자기발전을 위한 다양한 활동, 종교적 영역과 같이 무수한 부분이 있어요. 삶을 이루는 요소는 특정 한 영역에 치우쳐 있지 않습니다.

따라서 한 가지만 가지고는 행복을 느끼기 어렵고, 한 가지에서 최고로 만족을 얻기도 쉽지 않아요. 어떤 부분에 얼마큼의 가치를 두느냐는 사람마다 다르고, 배우고 보고 영향받는 정도에 따라 달라지지요. 내가 어느 영역에 무게를 두느냐에 대해서는 누구도 뭐라고 할 수 없어요. 그렇기 때문에 자신이 충분히 만족하고 행복을 느끼는 방향으로 무게를 조절하는 것이 중요하지요.

정리하자면 삶에서 중요한 부분은 돈 자체가 아니라 돈이 내 삶의 만족도에서 차지하는 비중입니다. 살아가는 데 돈의 비중을 줄이기 쉽지 않지요. 나도 모르게 돈에 지나치게 의존해서 세상의 가치를 평가해 왔다고 부끄러워할 필요도 없어요. 그런 사회 문화 속에서 지내왔기 때문이지, 나에게 문제가 있어서는 아니에요.

살아가며 돈에 대한 가치를 줄이기는 어렵지만, 다른 영역에서 만족감을 찾아보는 것이 좋겠어요. 이러한 노력이 짧은 시간 안에 이뤄지진 않겠지만 돈보다도 중요한 의미를 찾으려는 시도만으로 충분히 개선됩니다.

{ 누가 행복한 것일까? }

삶의 중요한 영역에서 남과 나를 비교해 실제로 내가 가진 것이 부족하다면 괴로움을 실제보다 더 크게 느낍니다. 남들은 모두 행복하게 사는데 나만 그렇지 못하다는 자책에 빠지기도 쉽고요. 가진 것이 부족하다는 현실보다는 '왜 나만'이라고 느껴지는 감정이 더욱 힘들게 합니다.

어찌 보면 당연한 생각이지요. 상황은 좀처럼 나아지지 않고, 나보다 훨씬 더 행복해 보이는 사람이 있으면 내가 그만큼 더 못나 보이고 한없이 불행해 보일 수밖에 없습니다.

그래서 많은 사람이 말합니다. "남과 비교하지 마라." 하지만 남과 비교하는 마음은 대부분 사람이 가진 본능이랍니다. 일부러 비교하지 않아도 다른 사람을 보면 자동으로 나와 어떤 차이가 있고, 누가 더 낫고를 머릿속에 떠올릴 수밖에 없잖아요. 즉 비교 자체가 잘못되거나 나쁜 것은 아니에요. 다만 비교한 결과를 어떻게 받아들이느냐가 중요합니다.

다른 사람이 가진 것을 부정적으로 여길 때 그 사람이 행복한 것처럼 보이기 시작해요. 그 결과로 내가 가지지 못한 원인이 못난 나에게 있다고 생각하고, 한없이 자신을 탓하기 쉽습니다.

하지만 이 같은 비교에서 비롯한 감정이 때로는 긍정적으로 쓰일 수 있답니다. 바로 나의 부족한 부분을 채우기 위한 동력으로 사용하는 것이지요. 또 타인이 가진 것을 근거도 없이 좋게 보거나 반대로 나쁘게 보지 않는 것만으로도 충분하고요.

그런데요, 은정 씨. 내가 부러워하는 그 사람들은 정말 행복할까요? 정녕 내가 바라는 행복이 그들이 가진 무언가에 있는 것일까요? 나에게 없는 행복의 조건을 남이 가졌다면, 내가 부족한 것도 사실이겠지만 행복에서 그 조건의 비중이 지나치게 높음을 의미하기도 해요.

따라서 다른 사람이 지나치게 부럽고, 그로 인해 내 삶이 크게 부족하며, 희망이 없다 느껴질 정도라면 지나치게 한 조건에 너무 큰 가중치를 두는 것은 아닌지 돌아봐야 합니다.

{ 항상 삶의 주인은 나 }

행복은 어디까지나 상대적 가치입니다. 그렇기에 내가 어디에 얼마큼의 만족을 느끼는지를 집중해서 살펴야 해요. 일반적으로 사람은 한 가지 영역만을 통해서는 충분한 만족감을 느끼기 어려워요.

앞에서 이야기했다시피 삶을 이루는 다양한 요소가 골고루 충족되었을 때 그 총합이 행복이라는 감정으로 되돌아오기 때문이죠. 그 부분의 만족감을 올리기 위해 지나치게 애쓰지 않았으면 좋겠습니다. 내가 가진 에너지를 균형 있게 사용할 때에 비로소 행복하다 느껴질 거예요.

그동안 이 세상을 살아내기 위해 정말 고생 많았어요. 진심으로 박수를 보내고 싶습니다. 더욱이 은정 씨가 그만큼 노력한 것은 행복을 얻기 위한 충분한 힘이 있음을 의미해요. 이제는 그 힘을 균형 잡힌 행복을 위한 생활에 써보면 어떨까요? 은정 씨에게 돈을 포기하거나 힘들게 생활하라는 의미가 아니에요. 지나치게 한쪽에서만 얻는 만족감을 다른 부분에서 찾아보면 좋겠다는 의미이지요.

마지막으로 한 가지 참고하면 좋을 이야기를 덧붙일까 합니다. SNS 자체를 부정적으로 평가하는 것은 아닙니다만, 그곳에 보이는 다른 사람의 모습이 진실이 아닐 수도 있다는 점을 기억하세요. 그곳에 표면적으로 보이는 모습으로 그 사람의 모든 것을 판단하지 않았으면 좋겠다는 의미예요.

비교하는 마음은 겉으로 보이는 부분을 더욱 부각하고 의미를 확장합니다. 그들의 실제 삶을 우리는 알 수 없잖아요. 그들은 자신에게 일어났던 아주 많은 일 속 '하이라이트'만 사진으로 남긴 것뿐이에요. 순간적인 빛남은 있겠지만, 그것이 영원하다거나 또 절대적이지는 않답니다.

지금 은정 씨는 또래 친구들이 감히 상상하지도 못했을 많은 일을 기꺼이 가족을 위해 해왔습니다. 이미 그것만으로도 대단한 사람이에요. 이제 그곳에서 한발 더 나아가 스스로 삶의 주인이 된다면 누구와 비교하더라도 크게 흔들리지 않는 만족스러운 삶을 가꿔나갈 거예요.

☼ 세 가지 처방

1. 삶을 이루는 다양한 영역 중 한 가지에만 지나치게 의미를 두는 것은 아닌지 스스로 확인해 보자.

2. 내가 진정으로 바라는 행복이 어디에 있는지 잘 살펴보자.

3. 내 삶의 운명은 스스로 결정하는 것이다. 삶의 주인 역시 나라는 점을 잊지 말자.

언니의 그늘

{ }

은정은 와글와글한 소리에 잠이 깼다. 시계를 보니 아침 열 시 반. "집사님!" 하는 아주머니들의 호들갑스러운 목소리가 방문을 두드리는 듯하다.

'아 엄마는 좀 일찍 깨워서 나가라고 해주지. 화장실도 아직 못 갔는데.'

한 달에 한 번, 마지막 주 목요일은 엄마가 다니는 교회 아주머니들끼리의 모임이 우리 집에서 열리는 날이다. 요즘 들어 교회에 열성으로 다니기 시작한 엄마에게는 제법 중요한 날인 셈이다.

"밖에 좀 나갔다 와. 한 세 시간쯤. 엄마가 기도 모임 끝나면 전화할게."

딱히 할 것도 없는데 평일 오전에 또 어디를 가 있으란 말인

가. 채근이 그리 달갑지는 않았지만 그렇다고 엄마의 입장을 이해하지 못하는 바도 아니었다. 엄마에게 나는 다른 사람들에게 존재를 알리고 싶지 않은, 감추고 싶은 스물아홉 백수 딸이기 때문이다. 결국 나는 신발을 꿰어 신고 밖으로 나갔다.

뭐 그리 대단한 축에 든 것은 아니지만, 적어도 명함 하나 내밀 직장이 있기는 했다. 하지만 오 년 차에 접어들면서 직장인이라는 나의 정체성이 흔들렸다. 팀원이라는 명함을 떼고 새롭게 얻은 대리라는 직함. 새로 들어온 신입 사원을 챙기고, 업무에 대한 책임감도 부쩍 증가한 이후 스트레스는 걷잡을 수 없이 커져만 갔다. 더 이상 직장은 재미있고 꿈을 펼치고 싶은 공간이 아니었다. 게다가 사내에서 정치적 사건이 하나둘 터지면서부터 직장 내 인간관계에서의 회의감이 물밀 듯 밀려왔다.

누구는 어느 이사 라인이라더라, 누구는 어느 차장에게 이미 줄을 대고 있다더라 하는 식의 소문은 내가 그곳에 있어야 하는 존재 이유마저 사라지게 했다.

'사람들은 참 이상해. 회사에 왔으면 일이나 하면 되지, 왜 저렇게 남 흉을 보고, 서로 헐뜯는 걸까? 굳이 저렇게까지 해서 얻는 게 뭐가 있다고.'

석 달 동안 진정으로 원하는 것이 무엇인지 고민했다. 그러고는 결심했다. 아무런 희망도, 미래도 없는 이곳을 떠나겠다고. 예전부터 정말 하고 싶었던 일을 찾아 떠나야겠다고. 결국 나는 직장에 과감히 사표를 냈다. 하지만 그날부터 직장이 아닌 또 다른 곳에서 새로운 괴로움에 시달려야 했다.

"너 대체 정신이 있는 거야 없는 거야? 요즘 취직하는 게 얼마나 어려운데 회사에 사표를 내? 미쳤니? 해고를 당한다고 해도 바짓가랑이라도 잡고 늘어져야 할 판에 뭐, 사표를 냈다고? 너 정말 제정신이 아니구나. 부모님 생각은 안 하니? 아빠 정년 얼마 남지도 않으셨는데, 그동안 우리 키우느라 아빠 엄마는 노후 준비도 제대로 못 하셨어. 너 철이 없어도 너무 없다. 너한테 너무 실망했어. 한심하다 한심해."

'치. 나한테 자기가 언제부터 그렇게 관심이 많았다고. 나름의 이유가 있는데, 내가 한두 살 먹은 어린 애도 아니고 직장 그만둔 것까지 언니가 다 간섭해야 해? 너무 하잖아.'

전화기 너머로 느껴지는 언니의 분노는 뜨거웠고 나 역시 언니의 질책으로 머리에 불이 났다. 한심하다는 그 말이 뾰족한 송곳처럼 가슴을 쿡 찔렀다. 나쁜 년. 언니 넌 진짜 나쁜 년이야.

언니는 늘 그랬다. 동생인 나는 언니보다 한참 모자라고 뒤떨어지는 존재였고, 언니는 항상 모든 면에서 앞서가는 사람이었다. 엄마가 함께 배우라고 보내주었던 피아노 학원에서 언니는 나보다 훨씬 진도를 빨리 나가며 나를 보잘것없는 아이로 만들었다. 게다가 우등생이었다. 그 때문에 언니가 다녔다는 이유만으로 가기도 싫은 학원들을 다녀야 했다.

"아, 네가 은정이구나. 언니 닮았으면 너도 공부 잘하겠네? 언니는 잘 지내니?"

만나는 사람들은 항상 언니 안부를 먼저 묻느라 바빴다. 그곳에 있는 건 분명히 나였지만, 사람들에게는 그저 언니를 닮은, 동생만이 존재할 뿐이었다.

"예전부터 내가 디자인한 스티커나 소품을 제작해 보는 게 꿈이었어. 퇴사하기 전에 SNS 통해서 내가 만든 제품들도 이미 판매하고 있었고 반응도 꽤 괜찮은 편이야. 다행히 알고 지내던 소품 가게 사장님이 내 제품도 진열해 주신다고 하더라. 판매 경로도 이미 만들어놓은 셈인데, 이쯤 되면 퇴사를 걱정하기는커녕 축하해 줘야 하는 거 아니야? 언니도 예전부터 내가 사온 액세서리 같은 것들 몰래 가져가서 하고 그랬잖아. 디자인이며 색깔 고르는 눈이 탁월하다고 말한 게 누군데! 언니, 나 잘할 수 있어. 그동안 직장 다니면서 저축도 꽤 했고 당분간은 부모님한테 손 벌리지 않아도 내 꿈 착실히 잘 이어나갈 수 있어. 그러니까 언니가 아빠한테 잘 좀 말해주면 안 돼?"

"너 사업이라는 게 얼마나 힘든 일인지 알아? 고작 그 스티

커 쪼가리 만든다고 회사를 때려치워? 착실히 회사 다니면서 부업으로 조금씩 할 일이지, 그게 뭐 얼마나 대단하다고 회사까지 관두면서 할 일이야? 네가 모아놓은 게 얼마나 된다고. 너 그걸로 얼마나 버틸 것 같아? 너랑 말할수록 한숨밖에 안 나온다 정말. 아빠한테 아무리 잘 말한다고 한들 이해를 하실지 모르겠다. 나도 솔직히 너 이해 안 가거든."

언니와 며칠간의 긴 설전을 끝내고 결국 나는 가족 모두의 걱정과 야유 속에 나의 길을 선택했다. '아무도 내 편은 없구나.' 갑자기 울컥하는 마음이 들어 눈물이 쏟아졌다.

가족은 늘 나한테만 가혹했다. 언니가 몇 년간 부모님의 기대와 응원 속에 했던 피아노를 그만두고 공부를 하겠다고 선언했을 때 부모님은 아무 말씀 없이 언니의 결정을 존중해 주었다.

"그동안 악기 한다고 들인 돈이 얼만데."

할머니의 핀잔 섞인 말 한마디도 언니를 향한 부모님의 애정과 믿음을 뚫지는 못했다. 하지만 나는 달랐다. 대학교 과를 선택할 때도, 취업을 준비할 때도 부모님은 모두 언니의 결정을 존중했다. 내가 하고 싶은 모든 일에는 언니의 동의가 있어야 했다. 내가 원하든 원하지 않든 간에 말이다.

"아…… 안, 안녕하세요. 저는 잠시 나갈 일이 있어서요. 아니에요. 원래 나가려던 참이었어요. 그, 그럼 예배 잘 보세요."

평일 낮에 회사에 가지 않고 집에 있는 나를 의아하게 보는 아주머니들의 눈초리를 뒤로하고 더듬더듬 인사한 후 쫓기듯 집을 빠져나왔다.

오전 공기도 꽤 상쾌하네. 일부러 아무렇지 않은 듯 헛기침 몇 번으로 설움을 뱉어냈다. 그래, 괜찮아. 나는 꿈이 있으니까 뭐, 지금은 조금 서러워도 두고 보라지. 근데 아침 햇살이 이렇게나 따가웠나? 햇볕을 바라보는 눈가로 눈물이 찔끔 흘러나왔다. 갑자기 눈물이 흘러나오는 것도 서러워 억지로 숨을 크게 쉬며 울음을 참았다.

'엄마한테 묻고 싶어. 나는 엄마 딸이 맞기는 한 건지. 그리고 언니한테도. 우리가 정말 자매가 맞기는 한 거야?'

은정 씨의 고민

동생:　공부도 잘하고 책임감 있는 언니와 늘 비교당하며 자랐어요. 오롯이 저만의 삶을 살고 싶지만 늘 언니에게 물어봐, 언니처럼 하라는 부모님의 말이 지겹습니다. 가족 중 저를 믿어주는 사람이 아무도 없는 것 같아서 외로워요.

언니: 맏이라는 책임감 때문에 아등바등하며 살았습니다. 철이 없는 동생은 부모님이 언니만 좋아한다고 불평하지만 동생은 늘 본인의 의지대로 살았는걸요. 반면에 저는 부모님의 기대를 채우기 위해 늘 자제하며 살았고요. 왜 저라고 힘들지 않겠어요? 항상 집안 사정을 먼저 생각해야 하는 제 처지가 버겁습니다.

언니와 동생
모두를 위한 이야기

같은 환경에서 자랐지만 형제자매는 엄연히 다른 존재예요. 외모부터 성격, 재능, 취향 등등 많은 부분에서 같을 수 없지요. 형제자매가 서로 다르다는 건 당연한 일이라 할 수 있습니다. 저마다 타고난 기질도 다르고, 각각의 아이를 대하는 부모의 태도도 다르며, 환경에 대한 반응도 다르니까요.

가족이라는 테두리 안에서 함께 지냈기 때문에 자매는 서로를 익숙하게 느껴요. 사실 익숙하다 뿐이지 서로의 전부를 아는 건 아니에요. 하지만 동성인 데다 오랜 시간을 함께 보냈기에 서로를 잘 안다고 흔히 오해하지요. 그래서 생각을 전달하는 데 다른 사람에게 할 때보다 오히려 소홀하게 대하기도 합니다. 쉽게 말해 배려가 부족하다는 것이지요.

오랜 연인이나 부부처럼 가깝지만 그만큼 쉽게 마음이 상할 수 있는 관계가 자매나 형제라고 생각해요. 가깝다는 마음에, 익숙하다는 생각에 속마음과는 달리 날카로운 말로 서로에게 상처를 주기도 하고, 섣부른 행동으로 갈등을 일으키기도 하지요. 더 큰 문제는 두 사람이 가족이라는 점입니다. 연인이나 부부라면 헤어질 수도 있잖아요. 정말 맞지 않으면 말입니다. 하지만 가족은 헤어지는 일조차 거의 불가능하죠.

사실 가족 사이의 문제가 생기기 쉬운 것은, 그만큼 기본적인 신뢰가 있기 때문이라는 의미도 갖습니다. 하지만 가족의 소통 방식에 근본적 문제가 있다면 또 다른 갈등 상황을 불러올 수도 있기에 지금부터라도 은정 씨와 언니는 서로에 대해 알고 또 이해하는 시간을 갖는 게 좋겠습니다.

{ 동생을 위한 이야기 }

내가 원하는 선택과 행동을 하는 데 다른 사람의 영향을 크게 받는다면 간섭받는다는 느낌을 넘어 불편함을 느끼게 되지요. 이러한 일이 반복되면 자신의 결정을 믿지 못하는 상황에까지 다다르고 맙니다. 자신을 믿지 못하면 새로운 행동을 할 때 겁이 나고, 쉽게 포기하지요.

동생은 가족 사이에서 종종 둘째라는 이유로 의견을 무시당하기도 했지만, 꿋꿋하게 자신의 길을 가려 노력하고 있습니다. 언니 의견만을 존중하는 가족 분위기 때문에 원치 않게 포기해야 했던 그 마음이 얼마나 답답했을까 싶어요. 화도 많이 나고 제멋대로 하고 싶었겠지요. 또 그런 마음을 참느라 고생도 많았겠고요.

마음 한쪽에는 자신에 관한 믿음과 원하는 것들이 자리 잡고 있고, 다른 한쪽에는 가족이 바라는 모습이 있으니 지금의 결정이 쉽지 않았을 겁니다. 그런데도 여전히 의견을 묵살하고 결정을 믿지 못하며 핀잔을 주니 동생으로서는 당연히 불쾌할 수밖에 없지요.

가족들은 동생을 믿음직한 존재로 보지 않는 것 같아요. 동생이 혼자 무엇을 한다고 하면 걱정부터 앞서는 것이지요. 특별히 잘못하거나 그른 판단을 내린 적도 없지만 자연스럽게 가족에게 수동적인 사람으로 취급받은 셈이지요. 그렇다고 이런 태도가 은정 씨의 잘못으로 생긴 것은 아닙니다. 오래전부터 가족들이 인식했던 모습이 이어져 왔을 뿐이에요. 현재 은정 씨는 성장했고 달라졌지만 가족들은 그 변화를 받아들이지 못하고 똑같이 대할 뿐이랍니다.

힘들지만 스스로 달라진 모습과 환경을 보여주는 일이야말로 은정 씨가 해야 할 부분이에요. 가족의 인식이 쉽게 바뀌지 않지만 꾸준하고 한결같은 모습을 보여줘야 걱정 어린 시각을 바꿀 수 있습니다. 사람은 누구나 자기 생각을 이야기하고 행동을 선택할 수 있는 '힘'이 있어요.

좋은 감정과 그렇지 않은 감정을 구분하지 마세요. 다시 말해, 가족을 대할 때 편하지 않은 것 혹은 가족의 이야기에서 속상했던 것과 같이 감정을 좋고 나쁜 것의 구분이 없이 구체적으로만 전달해 보세요. 아주 작은 감정과 생각부터라도 있는 그대로 표현한다는 느낌이면 충분합니다.

당장은 가족이 은정 씨의 마음을 이해하지 못할 수도 있겠지만, 조금씩 행동하는 은정 씨를 보면서 가족도 지지하고 믿을 거예요. 그렇게 더 나다운 모습으로 중심을 잡고 전진하면 좋겠습니다.

{ 언니를 위한 이야기 }

가족 안에서 짊어져야 했던 책임의 무게가 꽤 컸을 텐데 그동안 잘 견뎌온 것 같아요. 그 점에 대해서는 칭찬해 드리고 싶습니다. 이 세상에는 그만두고, 내려놓고 싶어도 그렇게 할 수 없어 힘들어하는 '언니'가 참 많답니다.

부모에게는 믿음직한 조력자로, 동생에게는 모범을 보여야 하는 윗사람으로 지내야 하는 맏이들은 가정의 크고 작은 문제를 결정하고 그 결과에 책임을 져야 하는 경우도 많아 여러 고

충이 따를 겁니다. 동생을 포함한 가족이 그 고생한 부분을 몰라준다 생각하면 속상하기도 하고요.

회사를 그만두고 새로운 사업을 준비하려는 동생을 만류하는 언니의 마음속에는 동생의 선택이 자신에게 또 다른 짐이 되지는 않을까 하는 염려가 있다고 생각해요. 언니라면 충분히, 그럴 수 있어요.

언니도 동생과 마찬가지로 스스로 원해서 지금의 역할을 부여받은 것은 아닐 거예요. 언니이기 때문에 동생과 부모에게 책임감 있는 모습을 보이고, 본보기가 되어야 한다고 여기는 사람이 많아요. 자녀를 대하고 양육하는 데 이런 시각이 무조건 나쁜 영향만 끼치지는 않습니다. 사실 부모에게 그만큼 큰 관심과 사랑을 받았다는 이야기도 되고요. 또 타인에게 모범이 되어야 한다는 생각은 자신의 욕구를 절제하는 일에 도움이 되기도 하거든요.

다만 나이를 먹고 다른 형제자매가 생기면서 역할과 책임의 수준이 달라지는데도 과거에 만들어진 시각과 태도가 이어지면, 감당하기 힘든 부분까지도 마치 당연하고 자연스럽게 받아들이는 것이 문제이지요.

또한 가족들은 맏이가 노력하는 일을 당연하게 여기고, 노력한 결과에 고마움을 느끼기보다는 되레 하지 못했을 때 비난하고 책임을 전가하는 경우가 많습니다. 책임감을 동생은 지나친 간섭으로 여기면서 갈등이 벌어지기도 하고요. 맏이의 입장에서는 참 억울한 일이지요.

은정 씨에게 당부하고 싶은 말은 이거예요. 자신이 부여받은 언니라는 역할과 자기 자신을 같게 보지 않았으면 좋겠어요. 맏이의 역할을 다하지 못해도 괜찮고, 그 책임을 모두 질 필요도 없습니다. 언니이기에 그동안 해왔던 행동들은 반드시 해야 하는 행동이 아니에요.

동생의 선택을 만류한 일도 마찬가지예요. 동생이 잘못된 선택을 하면 집안에 좋지 않은 일이 생길까 두려워 그저 해오던 방식대로 저지했을 뿐이지요. 언니가 동생을 위해 기꺼이 하는 역할이라면 의미가 있어요. 하지만 역할을 하지 않으면 불편하거나 걱정이 앞서서, 혹은 어떤 강박에 의해 그 역할을 수행한다면 하지 않아도 괜찮습니다. 그것은 누구에게도 도움이 되지 않는 일이에요.

동생이 아무렇게나 행동하도록 두라는 뜻이 아닙니다. 동생의 결정을 지금보다 조금 더 믿어주세요. 그리고 가족 일에 썼던 에너지를 자신을 위한 일에 사용하면 어떨까요?

{ 자매의 발달 }

언니와 동생은 가족이라는 울타리 안에서 함께 놀고 또 싸우기도 하며 성장했습니다. 인간이 나이가 들면서 몸과 마음이 발달합니다. 신체 발달은 성인이 될 때까지 이어지다 성인기 이후에는 진행되지 않지만, 마음의 발달은 그렇지 않아요. 우리가 죽는 순간까지 이어집니다.

에릭 에릭슨은 심리 사회적 발달 이론을 설명하며 각 발달의 단계가 명확하게 나뉘지 않지만, 그 시기에 달성해야 하는 과업을 얻어야 다음 단계의 발달로 진행할 수 있다고 주장했습니다.

이 발달은 성인이 된 후에도 계속 이어지며 노년기까지도 필요합니다. 우리는 신체 발달이 끝난 성인기 이후에도 달라지는 역할을 통해 자신의 발달 단계를 완수해야 합니다. 만약 달라지는 역할에 따라 발달 단계를 완수하지 못하고 항상 같은 역할을 수행할 것을 기대받거나 그렇게 하지 못한다고 비난받으면 다음 단계의 발달로 진행할 수 없어요. 더욱이 개인마다 수행 속도는 모두 다르고 발달 단계를 완수하는 시기도 일정하지 않습니다. 따라서 자신의 기준을 다른 사람에게 강요해서는 안 되는 것이지요.

발달 과업을 완수하지 못한 책임은 자신에게 있으며 그 책임을 지는 것조차도 자신입니다. 언니 입장에서 동생의 선택이 미덥지 못하더라도 자기 생각을 강요해서는 안 되는 것이지요. 동생 역시 집안에서의 딸, 자녀 역할을 언니에게만 미루어선 안 되는 이유가 바로 여기에 있습니다.

〔언니와 동생 모두를 위한 이야기〕

서로의 입장 차이가 조금씩 있긴 하지만 언니와 동생 모두 가족을 생각하는 마음이 커 보입니다. 서로에 대한 진심 어린 애정도 엿보이고요. 이 부분은 어떤 칭찬을 해도 부족하다고 생각해요. 이렇게 좋은 마음을 가진 자매인데 서로의 생각이 그대로 전달되지 못하는 부분이 아쉬울 뿐입니다. 왜 두 사람의 생각이 어긋났던 것일까요?

바로 두려움 때문입니다. 내가 하는 이야기를 상대가 그대로 믿어줄까 하는 염려와 불안이 두려움을 만들어낸 것이지요. 남을 못 믿는 것처럼 보이지만 실제로는 자신을 믿지 못하는 마음이 더 큰 거예요.

언니는 자신과 가족의 미래에 대한 걱정과 책임에 따르는 불편함을, 동생은 간섭받는 느낌에서 오는 불편함을 서로에게 전달하기 어려웠을 겁니다. 사실 불편한 속마음을 상대에게 그대로 전하기는 쉽지 않아요. 내 마음이 전해져 상대가 불쾌해하거나 상대에게 피해를 준다는 생각부터 어차피 이야기해도 달라질 게 없다는 체념까지 복합적으로 일어나거든요.

그렇다면 어떻게 해야 오해 없이 진심 어린 소통을 할 수 있을까요? 서로에게 속마음을 전하는 일에 대한 인식을 바꾸는 게 좋습니다. 혼자 감당하기 힘든 부정적 감정을 처리한다고 생각하는 거죠. 상대 행동을 직접 바꾸기보다 내 생각을 빠짐없이 목소리에 싣는다고 생각하면 좋습니다.

여기에서 더 중요한 것은 마음이 그대로 전달되지 못해도 괜찮다는 생각이에요. 여러 걱정 때문에 속마음을 숨기면 나도 모르게 상대를 비난하거나 애먼 조언을 합니다. 사람이니까, 대부분 그럴 수 있어요. 그러나 속내를 알 수 없으니 듣는 사람은 말하는 사람의 의도를 제대로 파악하지도 못하고 오해하게 되지요.

가족이니까 내 말뜻을 알겠거니 하고 넘겨짚거나, 언니니까 동생이니까 그래도 괜찮다는 생각이 오히려 둘 사이의 신뢰를 어둡게 하는 그늘이 된 것은 아닐까요?

자매 사이에 있는 신뢰를 믿어보세요. 지금보다 조금 더, 있는 그대로 마음의 목소리를 전달하는 것만으로도 갈등을 충분히 해결하리라 생각합니다.

☼ 세 가지 처방
—

1. 시간이 흐르면서 바뀌는 내 역할과 모습을 잘 살피고, 그
것에 맞게 행동하는지를 돌아보자.

2. 좋지 않은 기분과 생각도 서로 간에 충분한 신뢰가 있다
면 솔직하게 전해도 괜찮다.

3. 가까운 가족이지만 서로 다른 존재라는 점을 기억하고
더욱 배려하자.

결혼하면
행복할까요?

"행복한 우리 집."

오랜만에 인스타그램에 D의 스토리가 올라왔다. 남편과 함께 두 아이를 안고서 함박웃음을 짓는 D의 얼굴 위로 '행복한 우리 집'이란 문구가 적혀 있었다. 하지만 은정만의 착각이었을까? 보란 듯이 써 있는 글자와는 달리 D는 행복해 보이지 않았다. 아니, 오히려 슬픔이 묻어나는 것도 같았다. 친구 D는 정말 스스로 '행복하다'고 느끼는 걸까, 아니면 행복해지기 위해 주문을 외우는 걸까?

은정이 그렇게 느낀 데는 다름 아닌 D의 소식을 전해준 C 때문이었는지도 모르겠다.

"스물세 살에, 그렇게 일찍 결혼하더라니. 에휴. 오빠랑 사이가 좋지 않은가 봐. 지난주 토요일이었나? 새벽 한 시가 넘은 시간에 전화해서 엄청 울더라고. 그날도 둘이 싸웠나 봐. 너도 알다시피 D는 털털한 성격이잖아. 그런데 남편이 원체 깔끔한 것 같더라고. 살림을 제대로 못한다고 남편이 타박한다는데, 스트레스를 많이 받겠지. 애도 둘이나 되는데 D도 힘들 거야. 집안일이며 육아에 지쳐 있는데 남편까지 그러니까. 아무튼 그래서 둘이 엄청 싸웠는데 급기야 남편이 자꾸 밖으로 돈대. 말 들어보니 D가 남편 핸드폰도 몰래 보는 것 같던데 이러다가 무슨 일 생길까 봐 걱정되더라."

"그래? 걔가 울기까지 했어?"

"그렇다니까. 얼마나 놀랐는지 몰라. 사실 집안일이나 육아는 그냥 하는 말인 것 같고, 뭔가 문제가 따로 있는 것 같더라고. D가 얘기 안 하길래 나도 꼬치꼬치 묻기는 뭐해서 아무 말 안 했는데 아무래도 느낌이 이상해. 집안일이나 육아 문제면 핸드폰을 왜 훔쳐보겠니? 잘 사는 줄 알았더니 D가 엄청 서럽게 울던 게 며칠간 잊히지 않더라."

학창 시절, 여간해선 눈물을 보이지도 않던 D였다. 그런 애가 울기까지 했다니. 그것도 엄청 서럽게. 은정은 스토리에 올라온 D의 웃음 뒤에 무언가 다른 사연이 있는 것은 아닌지 걱정이 되었다. 그런데 그때 C가 또 다른 이야기를 전했다.

"근데, 문제는 D뿐만이 아니야. 동창 중에 시집 엄청 잘 갔다고 했던 S 알지? 진짜 이상한 시댁 만나서 완전 개고생 중이래. 결혼 전에는 시누이랑 백화점 다니면서 자매처럼 사이좋게 지내더니, 그 시누이가 언젠가부터 신혼집에 매일 놀러 와서는 아예 본인 집에도 안 가고 붙어산단다. 퇴근하고 집에를 못 들어간대. 자기 집이 아니라 남매가 사는 집에 가는 느낌이라나."

S라면…… 자기만의 세계가 분명한 친구였다. 음악에 박식해 숨은 명곡을 친구들에게 추천해 주었고 사람들에게 잘 알려지지 않은 여행지나 숨은 맛집 정보도 꿰차고 있었다. 가끔 연락해 그런 정보들을 물을 때면 귀찮아하는 기색 없이 친절하게 알려주곤 했었는데. 은정은 그런 S가 결혼을 선포했을 때 내심 놀랐다. 다른 친구들이 서른을 넘겨 결혼을 고민할 때도 S는 여유 있게 자신의 인생을 살 줄만 알았기 때문이다. 그래도 조건 좋은 남자를 만나 모두가 부러워하는 결혼식을 올렸었는데.

C는 그렇게 D와 S의 결혼 이야기를 잔뜩 들려주고 나서는 본격적으로 자신의 이야기를 시작했다.

"그런데, 사실 뭐 남들 얘기할 것도 없어 은정아. 나 결혼하려고 했던 거 말이야. 그냥 엎어버렸다."

"뭐? 너 결혼 이제 두 달밖에 안 남았잖아. 무슨 일 있었어? 도대체 왜?"

"아무래도 오빠랑 나랑 서로 안 맞는 사람인 것 같아서."

"오 년을 만났는데 이제 와서 안 맞는 것 같다고? 이렇게 갑자기…… 너 나한테 아무 말 없었잖아."

"우리가 맞지 않다는 건 예전부터 느끼고 있었어. 서로 많이 좋아하니까 충분히 극복할 수 있는 문제라고 생각했던 거지. 그런데 이번에 결혼 준비하면서 느꼈어. 극복할 문제가 아니라는 걸. 사소하게는 냉장고 용량부터, 크게는 신혼집 위치까지 의견이 일치하는 게 단 하나도 없더라. 그래, 뭐 서로 백 퍼센트 맞는 커플이 어딨겠어. 하지만 서로 다르면 타협이라도 되어야 하는데 우린 둘 다 조금도 양보하지 않고 결혼 준비 내내 싸우기만 했어. 미치도록."

"그건 그렇지만, 결혼 엎는 게 말처럼 간단한 일이 아니잖아. 이미 준비도 거의 다 되지 않았어?"

"맞아. 그래서 나도 아무한테도 말 못하고 혼자 끙끙 앓다가, 몇 주 전에 결정하고 부모님에게 고백했지. 도무지 이 결혼 못할 것 같다고. 다행히도 두 분 다 살다가 헤어지는 거보다 아니라고 생각할 때 돌아서는 게 훨씬 낫다고, 내 의견 지지해 주시더라. 문제는 오빠야. 난 이미 마음 정했는데 오빠는 아직도 받아들이지 못하고 계속 전화를 해. 이것 봐, 지금도 계속 울리지. 어휴 전화기 꺼놔야겠다."

은정은 C에게 응원의 말을 해야 할지, 위로의 말을 해야 할지 몰라 난감해하다가 어영부영 헤어졌다. 집으로 돌아오는 전철에서 문득, C가 참 대단하다는 생각이 들었다. 마치 힘껏 오른 에베레스트산을 백 미터쯤 앞에 두고, 나와 맞지 않는 산이라며 두꺼운 등산복을 벗고 비키니로 탈바꿈해 바다를 향해 뛰어든 사람 같았다.

'그런데…… 나는? 나였다면 그런 결정을 할 수 있었을까?'

은정 또한 9개월을 만난 남자 친구와 진지하게 결혼에 대한 말이 오가는 중이었다. 첫 관문인 부모님에게 인사를 드리는 것으로 시작해, 이제는 집안에 예비 며느리와 사위로 인정을 받아 친척의 결혼식도 참석하고 부모님의 생신도 챙기는 사이로 발전했다.

하지만 은정은 남자 친구의 집에 갈수록, 점점 더 불편함을 느끼고 있었다. 밖에서 상냥하게 수저를 놓아주던 그는 자신의 집에서는 손가락 하나 까딱하지 않는, 전혀 다른 사람이었다.

"자기, 밖에서 보던 거랑 집에서 보는 거랑 느낌이 많이 달라."

"내가? 뭐가 어떻게 다른데?"

"식당에서는 수저도 꼭 먼저 챙겨주고, 물도 항상 자기가 떠다 먹었잖아. 연애하는 내내 자기는 나한테 뭐 해달라 부탁했던 적이 없었는데. 집에 와서는 뭐든 어머니한테 달라 하고."

"아, 그거야 엄마가 그걸 좋아하니까. 내가 챙겨달라고 하는 거 좋아하시거든."

"그래도. 내가 집에 왔을 때 자기가 그렇게 행동하면 꼭 내가 갖다 줘야 하는 거처럼 느껴진단 말이야. 그제도 나 데려다주러 나가려다가 차 키 갖다달라고 왜 어머님께 부탁해? 그냥 자기가 얼른 들어가서 가져오면 되는걸."

"집에선 늘 그랬으니까 습관이 됐나 보지. 알았어. 다음부터는 조심할게."

은정은 분명히 느낄 수 있었다. 남자 친구가 밥을 먹다 일어나 물을 뜨러 부엌으로 가자, 어머니는 낯선 얼굴을 하고 은정과 아들의 얼굴을 번갈아 쳐다보았다. 그리고 그 눈빛을 받아 예민해진 은정은 괜한 꼬투리를 잡아 남자 친구와 또 다른 다툼을 이어나갔다.

"아까는 무슨 통화를 그렇게 길게 해?"

"내일 회의 때문에. 팀원이랑 잠시 얘기 좀 했지. 우리 팀에 중요한 날이잖아."

"그래도 일요일인데 팀원이, 그것도 여자가 전화까지 하는 건 좀 이상하지 않아? 난 이해 안 가."

"별일도 아닌데 갑자기 왜 그래? 평소에도 이런 일 종종 있었잖아. 자기 요즘 좀 예민한 거 아니야? 결혼 앞두고 여자들 그러기도 한다는데. 먼저 결혼한 친구들은 어땠어?"

"그렇게 행복하지만은 않은 것 같아."

"그래? 뭐 그럴 수도 있지. 어떻게 모두 행복하게 살겠어."

"자기는? 자기는 지금 행복해?"

"왜 그런 걸 물어? 그럼 너는 지금 행복하지 않다는 거야?"

"난 잘 모르겠어. 자기도 너무 사랑하고 좋은데. 결혼이라는 거, 꼭 해야 하는 건지. 정말 필요한 건지 판단이 서지 않아."

"너 그게 무슨 뜻이야? 그래서 결혼 안 하겠다는 거야?"

"아니, 그런 게 아니라……."

결혼이라는 커다란 세계가 은정을 향해 성큼 다가왔다. 일찍부터 그 세계로 진입해 행복한 유토피아를 이룬 줄 알았던 친구는 '행복하다'는 주문으로 자신의 세계를 힘들게 지켜나가고 있었고 한 친구는 그 세계를 곱게 접어 날려버렸다.

아이를 낳고 키운다는 것은 어떤 삶일까? 많이 힘들까? 삼십 년 가까이 전혀 모르던 사람들이 한 가족이 된다는 것, 그것도 너무 힘든 일처럼 느껴졌다. 지금은 자신을 이렇게 사랑하는 남자 친구도 언젠가 변할 수도 있지 않을까? 은정은 갑자기 남편의 핸드폰을 몰래 보는 D의 모습을 떠올리다 친구의 얼굴에 자신의 얼굴이 겹쳐 있는 것만 같아 괴로웠다.

은정은, 자신에게 묻고 또 물었다.

"결혼은…… 정말 무엇일까?"

☂ 은정 씨의 고민

결혼을 앞두고 많은 생각이 저를 지배합니다. 결혼을 한 친구들의 불행을 마주하며 나도 그렇게 되면 어쩌지라는 불안이 생겼어요. 결혼이라는 문턱에 들어서자 저를 늘 사랑하고 감싸주기만 하던 남자 친구와는 많은 다툼이 시작되었고, 예비 시어머니 또한 이전과는 다른 모습을 보이는 것 같아 혼란스러워요.

결혼하면 행복할까요? 자신이 없어진 지금 어떤 선택을 해야 할까요?

내가 내린 선택을
믿으세요

우리는 살면서 크고 작은 결정을 내려야 하는 순간을 맞닥뜨리
게 됩니다. 모든 결정이 매번 좋은 결과로 이어지는 것은 아니
지만 우리는 조금이라도 나은 결과를 얻기 위해 신중하고 또
신중하게 '선택'이라는 것을 합니다.

결혼은 인생을 살면서 마주하는 선택 중에 아마 가장 조심스
럽고 어려운 일일 겁니다. 인생에 큰 영향을 미칠 수밖에 없는
일이니까요.

결혼의 준비 과정에서부터 잘 풀리지 않고 배우자가 될 사람
은 물론, 그의 가족과도 문제가 생기니 아마 은정 씨는 꽤 불안
했을 거예요. 지금 내가 선택을 제대로 했는지, 미래는 어떻게
될지 걱정하면서 괴롭기도 할 테고요. 사실 이럴 때일수록 중
요한 선택과 결정은 미루는 것이 좋습니다. 하지만 결혼 준비

를 하다 보면 미룰 틈 없이 수많은 결정의 순간이 밀어닥치니 더 혼란스럽고 힘들 수밖에요.

{내가 내린 선택 믿기}

은정 씨는 아마 결혼을 신중하게 선택했을 겁니다. 한순간의 감정에 휩쓸리지 않고 배우자의 인성, 됨됨이, 가치관 등이 자신과 얼마나 조화를 이룰지 등을 공들여 생각했을 거예요. 인생에 큰 영향을 끼치는 선택의 시작이니 아무런 문제 없이 완벽하게 이뤄졌으면 하는 건 결혼을 앞둔 사람이면 누구나 느낄 자연스러운 감정입니다.

그래서 예비 신부들이 결혼 준비 기간에는 평소보다 조금 더 예민해지고, 편안한 마음을 유지하기가 어렵다고 토로합니다. 새로운 가정을 꾸리는 과정에서는 예상하지 못한 어려운 일이나 갈등도 생기는데, 연애 기간에 보이지 못한 예비 배우자의 낯선 모습까지 발견하면 불안한 것은 물론 마음의 상처를 받기도 하지요.

결혼을 준비하다 어느 순간에 결혼 선택에 대한 마음이 바뀌었다는 것은 정말 결혼을 해서는 안 된다기보다, 그만큼 은정 씨의 몸과 마음이 힘들다는 의미로 받아들여야 해요. 마음이 평소와 달리 안정되지 못하면 걱정이 많아지고 그동안 잘해왔던 것, 고민 끝에 내린 바른 선택은 눈에 잘 띄지 않게 됩니다.

사소한 문제도 더 부각해서 보고 문제나 갈등을 해결하지 못할 것 같다는 불합리한 생각도 들지요. 급기야는 일어나지도 않은 미래 속 최악의 경우를 상상해 마치 지금 그 일이 벌어지는 것처럼 여기고요. 그래서 현재 나에게 무엇이 중요한지, 내가 어떤 것을 우선으로 해야 하는지를 파악할 수 없게 됩니다.

이때에는 중요한 선택 외에는 급하게 마음을 정하지 않는 편이 좋아요. 무엇보다 마음이 평온할 때 내렸던 자신의 결정을 믿고 무모하게 계획을 바꾸지 않으려는 태도가 중요합니다. 도무지 판단이 서지 않는다면 주변 도움을 받고 판단이 옳은 결정인지 자신에게 되물으며 감정이 사그라들 때까지 기다려야 해요.

충분하게 생각하고 내린 선택은 어떤 결과라도 대처할 힘이 있음을 의미해요. 그러니 지금은 자신을 믿고 선택은 최대한 미루면서 감정을 조절해 보세요.

{ 신뢰를 확인하는 시험 }

차분히 결혼을 준비하던 은정 씨 마음을 흔든 건 대체 무엇이었을까요? 처리해야 하는 일 자체에서 오는 스트레스도 있겠지만 준비 과정에서 생긴 갈등을 해소하지 못했던 게 문제 아니었을까요? 전에 겪어보지 못한 예비 신랑의 갑작스러운 반응에 놀라기도 했고요. 그러면서 여러 감정에 휩싸였을 겁니다.

사람은 누구나 불안정하고 마음이 혼란스러우면 사랑하는 사람에게 다가가고 의지하고 싶어집니다. 결혼 준비는 분명 사람을 힘들게 하는 과정이에요. 선택은 분명히 피로를 동반합니다. 때로는 일상생활을 유지하는 데 부담이 되었는지도 몰라요. 은정 씨도 힘이 드니 배우자 될 사람에게 의지하고 싶었을 거예요. 그 마음은 자연스러우며 그만큼 은정 씨와 예비 배우자와의 관계가 원만했음을 의미합니다.

하지만 두 사람 모두 짧은 시간 동안 많은 걸 선택하고 준비하려다 보니 서로의 어려움을 보듬을 만한 여유가 없었던 것은 아닐까 싶어요. 은정 씨도, 예비 배우자도 그래서 서로의 신호를 제대로 파악하지 못한 것이지요.

결혼식은 인생에서 한 번뿐인 중요한 일이며, 부부로서 시작을 알리는 상징적 의미 또한 가지지요. 그렇지만 만족스러운 결혼식이 성공적인 결혼 생활을 의미하지는 않습니다. 오랜 기간 다른 환경에서 자라고 지낸 두 사람이 한 공간에서 살을 맞대고 같은 환경에서 지내는 일인데 어찌 아무런 불편 없이 꼭 맞을 수 있겠어요? 현실적으로 불가능한 일입니다.

그래서 지금의 어려움은 서로 힘들 때 관계를 어떻게 유지

할 수 있는지를 시험해 보는 과정이라 생각해요. 다투고 힘들
더라도 서로 의지할 수 있다는 믿음을 경험하는 것만으로도 충
분해요.

{부부라는 애착 대상}

우리는 친밀하고 의지하는 사람에게 자신의 감정과 관련해 있
는 그대로 노출하는 경우가 많습니다. 그렇기에 상대가 나에
게, 혹은 내가 상대에게 조금만 부주의해도 상처를 쉽게 주고
받을 수 있지요.

이렇게 친밀한 애착 대상에게 상처를 받으면 정서적으로 단
절된 느낌을 받아 항의하게 됩니다. 이 같은 항의가 지속되었
음에도 아무것도 변하지 않으면 무력해지고 우울감이 찾아오
게 됩니다. 대부분 부부 싸움과 연인과의 다툼은 이 같은 항의
가 말이나 행동으로 발현된 것이라 할 수 있습니다.

친밀한 사이에서는 상처를 주고받는 것이 충분히 일어날 수
있는 상황이라는 점을 인지하고, 제대로 표현하는 것이 무엇보
다 중요합니다. 그러기 위해서는 가장 먼저 내가 언제 감정적
으로 변화는지를 확인해야 합니다.

상대의 이야기나 행동, 표정과 같이 사소한 것을 접하고 순
간적으로 감정이 다른 방향으로 흐르거나 평소와는 다른 반응

이 나타날 때가 바로 상처를 받은 순간일 가능성이 크죠. 이 순간을 제대로 인지해야 받은 상처와 그로 인한 기분이 전적으로 내 잘못이 아님을 알고 명확하게 항의도 합니다.

이제 두 사람은 막 연인에서 부부가 되기 위한 험난한 시험을 치렀습니다. 특히 사랑하는 사람과의 친밀한 관계는 서로가 서로의 애착 대상이 되는 '피난처'라고 해요. 험한 세상에 나만의 피난처가 있다는 것. 정말 멋지지 않나요?

〔멈추고 돌아보기〕

성격이 비슷한 사람들도 감정적으로 상처를 받으면 자신만의 방법으로 이겨내고 해결하려고 하지요. 지금처럼 서로 힘들 때 가장 중요하게 알아야 하는 것 중 하나가 은정 씨와 배우자의 감정을 이겨내는 방식이 다르다는 것이에요. 이것을 정신분석 용어로 방어기제(defense mechanism)라고 합니다.

방어기제는 자신이 위협을 받는 상황에서 무의식적으로 자신을 속이거나 상황을 다르게 해석하여, 감정적 상처로부터 자신을 보호하는 심리 의식이나 행위를 가리키는 말입니다.

무의식적 방어기제는 자신은 물론 다른 사람도 쉽게 알아차리기 어려워요. 하지만 다른 사람과 내가 문제를 대하는 태도가 다름을 아는 것. 거기서부터가 갈등을 줄이고 서로의 신뢰를 확인하는 첫걸음입니다. 서로 방식이 다르니 알아차리기 어렵고, 상대를 의지하고 싶은 마음조차 제대로 전달되지 못하기 쉬워요. 이 점을 고려하지 못하면 나와 다른 모습에 불만을 품고 날카롭게 비난하는 일이 잦아질 수밖에 없습니다.

이렇게 서로 부정적 행동이 오고 갈 때는 지금 은정 씨가 하는 행동을 멈춰보세요. 그리고 무슨 일이 생기고 있는지, 무엇 때문에 갈등이 시작되었는지를 생각해 보세요. 그것만으로도 서로에 대한 공격으로 상처가 더 커지는 것을 막을 수 있습니다. 감정이 격해지면 내 행동이 상대에게 어떤 영향을 줄지 신경 쓰기 어려워 계속 상처를 주게 되거든요.

{ 내 감정 그대로 괜찮아요 }

좋은 일만 있었으면 하는 결혼 준비 과정에서 부정적 감정을 경험하는 일을 은정 씨가 어떻게 받아들일지 모르겠어요. 하지만 이런 경험은 결혼을 준비하는 누구나가 겪는 일입니다. 배우자가 될 사람에게 의지하려는 마음도 당연하고요.

이때 은정 씨가 '부정적' 기분을 느끼면 안 된다고 감정을 누르거나, 배우자가 알면 나를 싫어할 거라는 두려움에 솔직한 느낌을 숨기지는 않았는지 돌아볼 필요가 있어요. 감정은 애써 참거나 마음속에 눌러놓는다고 사라지거나 줄어들지 않아요.

오히려 그것을 감추는 데 더 많은 에너지를 소비하죠. 따라서 정작 중요한 일을 할 때 곤란을 겪게 할 수 있습니다.

결혼을 선택하도록 이끈 두 사람 사이의 많은 경험을 돌아보세요. 달콤하고 짜릿했던 사랑의 기억들, 둘만이 나누었던 만족스럽고 충만한 기쁨들. 그렇게 차곡차곡 쌓아온 신뢰를 믿고 내 기분을 그대로 표현해 보세요. 상대가 걱정할까 두려워하는 마음까지 모두 꺼내서 말이에요. 사랑과 믿음이 없다면 이 같은 싸움도 생기지 않아요. 솔직하게 이야기하는 은정 씨 모습에 배우자도 고마움을 느낄 거예요.

서로 진솔한 대화가 오고 간다면 답답한 마음은 어느새 사라지고 해결하지 못할 것 같던 문제도 다 정리될 거예요. 이렇게 어려움을 극복하는 과정 하나하나가 또 하나의 경험으로 자리 잡아 앞으로 부부 사이에 생길 어려움을 해결해 나가는 데 많은 도움이 될 겁니다.

☀ 세 가지 처방
—

1. 현재 마음이 불편하고 괴롭다면 과감히 선택을 미루자.

2. 사랑하고 믿는 관계일수록 상처를 주고받기 쉽지만, 그

또한 사랑과 신뢰가 밑바탕 되었기에 가능하다는 점을 기억하자.

3. 내 감정을 있는 그대로 사랑하는 사람에게 전달하는 연습을 하자.

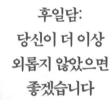

4장

후일담:
당신이 더 이상
외롭지 않았으면
좋겠습니다

오늘도 힘겨운 하루를 보낼
은정 씨에게 다른 은정이가

{ 은정 씨, 거기 있나요? }

지하철에서, 버스에서 그리고 길가에서 분주히 하루를 시작하는 많은 여성을 보게 됩니다. 눈부신 아침 햇살 아래 두 눈을 찡그린 채 오늘도 일터로 향하는 그들 중에는 지금 이 글을 읽고 있을 당신도 있을 테죠.

"은정 씨, 은정 씨!"

나는 갑자기 바쁘게 뛰어가는 당신을 불러 축 처진 그 어깨를 낚아채 온 힘으로 따뜻하게, 숨이 막히도록 꼭, 오랫동안 안아주고 싶습니다.

사는 게, 살아간다는 게 참 녹록지가 않습니다. 출근길 만원 버스와 지하철은 꽉 찬 사람들로 답답하기만 하고 회사에서의 업무는 도무지 끝을 모를 정도로 길게 줄지어 있습니다. 사랑받고 또 사랑을 주기 위해 만나는 남자 친구도 가끔은 내 편이 아닌 듯 서운하게 합니다. 장녀로서의 무게는 돌덩이처럼 무겁기만 하고 언제부턴가 "결혼 안 해?"라는 인사말은 날카로운 흉기가 되어 잘 살고 있는 내 인생을 난도질해 버립니다.

{ 나도 모르게 나를 정해놓은 사람들 }
대한민국에서 여자로 살아가기란, 여간 어려운 일이 아닙니다. 여전히 남, 여 간의 차별은 존재하고 사랑하는 부모님조차도 '딸이어서', '딸이니까'라는 굴레로 사랑을 표현해 왔습니다.

공시를 준비하는 은정 씨는 아버지의 권유로 자신의 진로를 결정합니다. 그 결정 속에는 정작 자신이 원하는 것, 잘할 수 있는 것은 들어 있지가 않아요. 어려서부터 아버지의 기대와 강압적인 사랑 속에 살아왔기 때문이죠.

부푼 기대 속에 첫 직장에 발을 들인 은정 씨에게 '처음'은 참 힘이 들어요. 낯설고 힘든 직장 생활이 언제 나아질지도 잘 모르겠고요. 무능한 것 같아 이 상황을 헤쳐나갈 자신감도 점점 떨어집니다.

일의 무게를 견뎌내기가 버거운 은정 씨도 마찬가지입니다. 너무나 버겁고 힘든 일상이 계속되지만 힘들게 취직한 직장을 차마 그만둘 수는 없습니다. 그렇다고 회사에 자신 있게 업무가 과하다고 말조차 할 수 없습니다. 주변 사람은 은정 씨에게 과로라는 짐을 얹어주었고, 은정 씨는 부당한 대우 속에서 숨을 죽일 수밖에 없습니다.

주변의 기대로 또는 압박으로 살아온 은정 씨처럼 지금 이 글을 읽는 당신도 누군가가 정해놓은 기준 아래서 자신을 정해버리지는 않았나요?

〔 사랑조차 쉽지 않은 은정 씨 〕

사랑하는 사람을 만나는 것은 너무나 아름다운 일이겠죠. 오로지 나만을 바라보고 또 나 하나만을 생각해 주는 사람이 생긴다는 것. 그것만으로도 우리는 이 세상을 살아갈 가치를 얻습니다. 하지만 불완전하고 불안정한 은정 씨의 사랑은 참으로 위태롭기만 합니다.

자존감이 낮은 은정 씨는 사랑을 놓지 못하지요. 남자 친구가 좋은 사람이 아님을 알면서도, 나를 사랑하지 않는다는 것을 알면서도 말이에요.

오랜 연애 끝에 권태기로 다다른 은정 씨는 변심한 남자 친구 앞에서 옛 추억을 떠올리며 아파합니다. 이미 그 색이 바래버린 사랑이지만 그를 떠날지, 추억의 끄트머리라도 잡을지 헷갈려 갈팡질팡합니다.

어릴 때의 상처가 깊은 은정 씨는 사랑을 시작하는 것이 두렵습니다. 진심으로 누구를 사랑할 수 있을지 자신을 믿지 못합니다. 하지만 이제 은정 씨는 아픔을 딛고 진정한 사랑을 하기 원해요. 지금 이 글을 읽는 당신은 어떤가요?

[가족이 꼭 나를 보호해 주지는 않아]

우리는 흔히 가족만큼은, 가족이라면 나를 보호해 주고 아껴줄 것이라 생각합니다. 그리고 실제로 그것이 맞기도 하지요. 하지만 그렇지 않은 은정 씨도 분명, 많이 있을 겁니다. 누군가 그런 말을 하더군요. 아무도 보지 않을 때 갖다 버리고 싶은 것이 바로 가족이라고요.

부모님으로부터 독립을 꿈꾸는 은정 씨에게는 적어도 그랬습니다. 장녀로서 감당해야 할 생활의 무게는 왜 이렇게 무겁기만 한 걸까요?

늘 언니에게 비교만 당하고 살던 은정 씨는 이제 언니로부터의 탈출을 꿈꿉니다. 꿈을 지지해 주지 않는 가족으로 아직도 아프기만 하네요. 언니라고 마음이 편안한 건 아니에요. 철없는 동생이 혼자만의 결정으로 회사를 그만둔 상황에서 자신이 집안을 이끌어나가야 한다는 책임감이 무겁기만 합니다. 당신에게 가족은 무엇일까요?

{ 정답이 있을까? }

오늘도 뉴스를 보니 한 여성이 이유 없이 무차별 폭행을 당한 사건이 나옵니다. 왜 이렇게 사회는 여성에게 더 가혹하고 무서운 곳일까요? 이런 사건들이 일어날 때마다 화도 나고 참 마음이 아픕니다.

저는 《생각이 많아서 찾아왔습니다》를 준비하며 이삼십 대 여성들의 이야기를 많이 듣고 또 읽었습니다. 그들의 삶을 몇 가지 주제로 요약해 짧은 소설로 표현한다는 것은 매우 어렵고 또 아픈 일이었지요.

특히 삼촌에게 성추행을 당한 아픔을 간직한 채 살아왔던 은정 씨의 이야기를 썼을 땐 그다음 원고를 이어나가기가 힘들 정도로 많이, 아주 오래도록 슬펐습니다. 허구의 이야기지만 아마도 세상 어딘가엔 그런 아픔을 가진 은정 씨가 존재할 것임이 분명하기 때문이지요.

직장 여성 중 62퍼센트가 성희롱 피해 경험이 있다는 통계만 보아도 그동안 많은 은정 씨가 당해왔을 고통이 짐작됩니다.

그럼에도 은정 씨는 오늘을 살아갑니다. 아침에 이불을 걷어차고 일어나 화장을 하고, 불편한 구두를 신고 만원 지하철의 불쾌한 냄새를 참으며 출근하겠죠. 직장 동료와는 동료인 듯 아닌 듯 애매한 감정싸움을 지속하고 사랑은 여전히 고민스러

울 테고요. 유일한 마음의 안식처가 되어줄 가족도 '돈과 생활'
이란 이름으로 버겁기만 합니다.

하지만 그 많은 타인의 간섭과 압박 속에서 은정 씨 당신이
가진 가슴속의 꽃은 아무도 모르게 활짝 피어나고 있습니다.
누가 부러 물을 주지도 않았는데 작은 싹을 틔워내고 슬픔과
아픔 속에서도 묵묵히 당신이라는 고유의 향기를 더해갑니다.

{ 참 잘해왔습니다 }

나는, 은정 씨 당신이 너무 외롭지 않았으면 좋겠습니다. 그리
고 여태까지 참 잘해온 당신 어깨를 가만히 쓰다듬어주고 싶습
니다. 당신은, 참 용기 있는 사람입니다. 어딘가에서 혼자 힘으
로 우뚝 서 있는 사람이니까요.

앞으로 우리에게는 살아야 할 많은 날이 있습니다. 언제 올
지 막막하긴 하지만, 마흔 살이라는 나이를 지나 어딘가에서 이
사회를 꿋꿋이 살아가는 어른의 모습 아니면 어느 아이의 엄마
가 되어 환한 미소를 짓는 날들 말입니다.

당신이 걸어왔던 그 길 속에 그래도 한번쯤은 크게 웃음을 지
었던 그날도 기억이 납니다. 그때, 정말 예뻤던 것 아니요? 괜찮
아요, 잘해왔습니다. 그리고 앞으로도 잘해나갈 거예요.

{ 세상의 모든 은정 씨에게 보내는 권용석의 마음 처방 }

{ 삶을 있는 그대로 받아들이는 태도 }

살아가는 일은 왜 이리 힘이 들까요? 다른 사람은 나보다 편하고 행복해 보이며, 다 가진 것처럼 보이고요. 힘이 드는 이유가 내 탓일 수도, 가족 탓일 수도, 사회 탓일 수도 있다는 생각에 화도 나겠지만 이내 무력한 느낌으로 바뀌지요. 은정 씨는 여태까지 잘해왔고, 많은 고생을 했어요. 충분히 좋은 결과를 누려야 하는 사람이 분명한데도 뭐 하나 나아지는 것 없이 아프고 힘들고 흔들립니다.

삶이 편하고 행복하기만 하면 얼마나 좋을까요. 그것은 우리 모두 원하는 바지만 안타깝게도 사람은 태어난 순간부터 고통을 경험하고, 시험을 당하며 살아가는 것이 현실이랍니다. 그렇기에 누군가의 도움을 받아야 하고, 반대로 도움을 주기도 하면서 끝없이 밀려오는 어려움과의 싸움을 해나가지요.

그러니까 삶이 힘든 이유는 삶이라는 녀석이 본래 그런 특징을 가지기 때문이지 누구의 잘못도, 어떠한 문제가 있는 것도 아니랍니다. 이 특징을 무시한 채 살아가는 게 고통스럽다 여기면 무기력한 채로 일상을 반복할 수밖에 없어요. 난 아무것도 할 수 없는 사람이라는 생각이 드는 거죠. 그래서 우리가 할수 있는 부분에 초점을 맞춰야 해요. 그것은 바로 고통스럽지만 '있는 그대로 삶을 바라보는 시각'을 가져야 하는 이유지요.

살아가는 일이 쉽지 않음을 받아들이는 것이 시작이에요. 그러면 비록 노력의 결과가 좋지 않더라도 자책의 수렁에서 빠져나올 수 있어요. 혼자 하기 어렵다면 포기하거나 실망하는 대신 주변에 도움을 청하세요. 그렇게 위기를 극복하고, 또 도움에 대해 감사함을 표현하면서 지내는 거예요.

어려움을 경험하는 것이 내 능력이 부족해서가 아니라 누구나 그럴 수 있다고 여기는 것과 같이 생각의 방향을 바꾸는 적극적인 태도가 필요해요. 이것은 무조건 좋게 여기고 근거 없이 낙관하는 태도와는 달라요. 노력을 통해 자신의 행동 방향을 이전과 바꾸는 일이니까요.

삶을 온전히 볼 때 나타나는 또 다른 변화는 힘든 가운데 경험하는 다양한 감정 역시 느껴지는 그대로 받아들인다는 점에 있어요. 우리가 이렇게 힘든 세상을 살아가는 데 좋은 감정만 느낄 수는 없지요.

삶이 좋으리라는 막연한 기대 속에서는 부정적 감정을 제대로 처리하기 힘들어요. 힘든 상황 속에서 부정적인 감정을 느끼는 것이 자연스러움에도 무조건 자신의 탓으로 돌리며 괴로워하기 쉬워요. 이런 감정을 느끼는 '나'에게 문제가 있으니 도움을 청하거나 남에게 감정을 털어놓는 것도 겁날 수밖에 없지요. 부정적 감정 그 자체는 생각보다 큰 힘이 있지 않답니다.

힘든 삶 속에서 경험하는 부정적 감정이 누구나 느끼고, 그 느낌을 다른 사람과 나누는 일이 자연스러움을 알면 지금과는 달리 감정을 혼자 처리하느라 애쓰지 않아도 되어요. 부정적 감정은 느끼고, 표현하고, 의식하는 가운데 줄어들 거예요.

있는 그대로의 삶을 바라보는 시각을 갖고 부정적인 감정을 다른 사람과 나누며 줄이는 노력을 했다면 이제, 힘든 삶 속에서 생활하는 자신을 격려해 주세요. 여태까지 힘들었지만 잘 지내왔던 능력을 믿어보세요. 앞으로 힘들어도 충분히 극복할 수 있다는 작은 희망을 가져도 좋습니다.

누가 알아주지 않더라도 괜찮아요. 자신에 대한 믿음이 쌓이면 어느 순간 어려움 속에서도 희망이 생겨나고, 미처 바라보지 못한 삶의 다른 부분에서도 만족감을 경험할 거예요.

{ 일과 삶의 균형을 조절한다는 느낌 }

삶과 행복, 사랑의 본질을 다루기는 쉽지 않지요. 내가 간절하게 바라고 원하는 삶을 하루아침에 모두 가질 수 없는 것이 현실이니까요. 답답한 현실 속에서 지내야 하니 내가 할 수 있는 일이 별로 없는 것도 사실이에요. 무기력하겠지만 현실을 그대로 보고 거기에서부터 할 수 있는 일을 찾는 것이 인생을 스스로 조절하는 첫걸음일 거예요.

본인 삶이니 자신이 중심이 되어 조절한다는 느낌을 경험해야 합니다. 일과 삶의 균형을 맞추려는 노력, 행동은 그 자체로도 큰 의미를 지닐 거예요. 바꿀 수 없다면 조금 포기하기도 어느 때는 좀 더 강하게 밀어붙이기도 하고요. 내 안에 삶의 균형을 잡으려는 에너지가 있다는 사실을 알고, 또 이것을 올바른 방향으로 사용할 때 비로소 변화가 일어날 겁니다.

오늘도 당신은 아침에 부지런히 일어나 출근하고 직장에서 열심히 일했으며, 집에 돌아와 한 가정의 딸로 혹은 아내로 자신의 맡은 역할을 충실히 해냈습니다. 그 어려운 일들을 모두 별 탈 없이 수행했다는 것만으로도 자신이 참 대단한 사람임을 잊지 마세요. 그리고 지금 이 글을 읽고 있을 당신은 언제나 당연하게 행복할 권리가 있는 여성이라는 사실도요.

참고
문헌

- 데이비드 J. 월린. 2010.《애착과 심리치료》. 학지사.
- 레이철 시먼스. 2011.《소녀들의 심리학》. 양철북.
- 로런스 밀러. 2015.《범죄 피해자 상담》. 학지사.
- 로버트 새폴스키. 2008.《스트레스》. 사이언스북스.
- 리사 펠드먼 배럿. 2017.《감정은 어떻게 만들어지는가?》. 생각연구소.
- 마이클 B. 프리슈. 2010.《삶의 질 치료》. 시그마프레스.
- 미국정신의학회(APA). 2015.《정신질환의 진단 및 통계편람》, 제5편. 학 지사.
- 바버라 스트로치. 2011.《가장 뛰어난 중년의 뇌》. 해나무.
- 브룩 노엘, 패멀라 D. 블레어. 2018.《우리는 저마다의 속도로 슬픔을 통 과한다》. 글항아리.
- 아클라 데이. 2018.《행복한 직장의 조건》. 하나의학사.
- 안토니오 다마지오. 2019.《느낌의 진화》. 아르테.
- 웬다 트레바탄. 2017.《여성의 진화》. 에이도스.
- 조지프 르두. 2017.《불안》. 인벤션.
- 프랜신 샤피로. 2014.《트라우마, 내가 나를 더 아프게 할 때》. 수오서재.
- Dinah Miller, M.D., Annette Hanson, M.D., and Steven Roy Daviss, M.D. 2011. *Shrink Rap*. Johns Hopkins University Press.
- Vittorio Lingiardi. 2017. *Psychodynamic Diagnostic Manual*, 2nd ed. The Guilford Press.

생각이
많아서

찾아
왔습니다

초판 1쇄 발행 2020년 10월 30일
초판 2쇄 발행 2020년 11월 10일

지은이 권용석, 박미정
펴낸이 권미경
기획편집 김효단
마케팅 심지훈, 강소연, 김재영
디자인 [★]규
펴낸곳 ㈜웨일북
출판등록 2015년 10월 12일 제2015-000316호
주소 서울시 서초구 강남대로95길 9-10, 201호
전화 02-322-7187 팩스 02-337-8187
메일 sea@whalebook.co.kr **페이스북** facebook.com/whalebooks

ⓒ 권용석, 박미정, 2020
ISBN 979-11-90313-57-5 (03180)

소중한 원고를 보내주세요.
좋은 저자에게서 좋은 책이 나온다는 믿음으로, 항상 진심을 다해 구하겠습니다.

「이 도서의 국립중앙도서관 출판예정도서목록(CIP)은
서지정보유통지원시스템 홈페이지(http://seoji.nl.go.kr)와
국가자료공동목록시스템(http://www.nl.go.kr/kolisnet)에서 이용하실 수 있습니다.
(CIP제어번호: CIP2020044356)